欧亚大陆上的城市
——一部生命史

成一农 著

2018年·北京

图书在版编目(CIP)数据

欧亚大陆上的城市：一部生命史 / 成一农著. —北京：商务印书馆，2015（2018.12重印）
（丝瓷之路博览）
ISBN 978-7-100-10464-7

Ⅰ. ①欧… Ⅱ. ①成… Ⅲ. ①城市史－研究－欧洲②城市史－研究－亚洲 Ⅳ. ①K950.5②K930.5

中国版本图书馆CIP数据核字(2013)第280338号

权利保留，侵权必究。

欧亚大陆上的城市
——一部生命史

成一农 著

商 务 印 书 馆 出 版
（北京王府井大街36号 邮政编码 100710）
商 务 印 书 馆 发 行
北京富诚彩色印刷有限公司印刷
ISBN 978－7－100－10464－7

2015年4月第1版　　开本 880×1230　1/32
2018年12月第2次印刷　印张 5 3/4

定价：40.00 元

主　　办：中国社会科学院历史研究所中外关系史研究室

顾　　问：陈高华

特邀主编：钱　江

主　　编：余太山　李锦绣

主编助理：李艳玲

编者的话

《丝瓷之路博览》是一套普及丛书，试图以引人入胜的方式向广大读者介绍稳定可靠的古代中外关系史知识。

由于涉及形形色色的文化背景，故古代中外关系史可说是一个非常艰深的研究领域，成果不易为一般读者掌握和利用。但这又是一个饶有趣味的领域。从浩瀚的大海直至无垠的沙漠，一代又一代上演着一出又一出的活剧。既有友好交往，又有诡诈博弈，时而风光旖旎，时而腥风血雨。数不清的人、事、物兴衰嬗递，前赴后继，可歌可泣，发人深省。毫无疑问，这些故事可以极大地丰富人们的精神生活。

本丛书是秉承《丝瓷之路》学刊理念而作。学刊将古代中外关系史领域划分为三大块：内陆欧亚史、地中海和中国关系史、环太平洋史。欧亚大陆东端是太平洋，西端是地中海。地中海和中国之间既可以通过海上丝绸之路，也可以通过草原之路往来。出于叙事的方便，本丛书没有分成相应的三个系列，但种种传奇仍以此为主线铺陈故事，追古述今。我们殷切希望广大读者和作者一起努力，让古代中外关系史的知识走进千家万户！

2012 年秋

引 子

污浊的空气、拥堵的交通、过量的人口、激化的矛盾，城市自 19 世纪以来在高速发展的同时，其本身的痼疾也日益凸显，辉煌的背后孕育着危机。本书试图通过回顾城市诞生以来的发展历程，归纳不同时期东西方城市的特点，并对城市发展的方向提出一些值得思考的问题。

另外，近年来翻译出版了不少世界城市史方面的著作，如乔尔·科尔金的《全球城市史》，还有笔者翻译的《城市形态史——工业革命之前》等，虽然这些著作就题目来看，关注的是世界范围内的城市，但在内容上基本聚焦于西方城市，对于中国古代城市的介绍大都来源于少量英文著作中的一些"宏观"概念，观点不仅陈旧，而且很多是错误的。而国内出版的城市史著作，基本上都是关于中国古代的，对于西方城市往往点到为止，极少存在全球的视角，也缺乏中西交流、比照的分析。

因此，本书的目的是基于近年出版的西方城市史著作和笔者对中国城市史多年的研究，以中西比较的视角，勾勒出中西城市的发展脉络和城市中重要建筑的功能以及发展历程。

2014 年春

目录 CONTENTS

第一章

城市的缘起与最初

一　什么是城市 / 2

二　城市的孕育 / 10

三　婴儿期——城市文明 / 26

四　儿童期——城市革命 / 43

第二章

城市的曲折发展

一　叛逆期——混乱与发展 / 66

二　青年期——繁荣与膨胀 / 83

三　壮年期——中年危机 / 108

第三章
作为生命体的城市

一　神经系统——政府机构和宗教建筑 / 126

二　免疫系统——从壕沟到城墙 / 140

三　循环系统——城市中的街道 / 160

四　消化系统——城市中的市场 / 169

第一章

城市的缘起与最初

什么是"城市"？这是一个长期以来争议不断的问题，无数智者在这方面投入了大量精力，试图确定一个放之四海皆准的定义。不过就现在的情况来看，这应该是徒劳之举，作为人类文明的结晶，在不同地域、不同时期，城市都有着不同的内涵。城市的起源也是一个复杂但却非常有趣的问题，只有极具综合力和想象力的头脑才适于这方面的探索。孕育期和儿童期的城市，往往与古代神话、传说、人物联系在一起，中国有黄帝与炎帝、大禹治水，西方则有特洛伊战争、奥林匹斯诸神。

一、什么是城市

什么是"城市"？多么莫名其妙的问题！

城市对于我们现代人而言实在是太熟悉了，高楼大厦、繁华街道、住宅社区、人口众多、节奏飞快，这些不就是我们习以为常的城市吗？

不过，熟悉归熟悉，但我们现在需要从探究的角度来看待这一问题。北京、上海当然是城市，那些小小的县城又是否属于城市呢？比如山西北部的右玉县，看上去还不如江南一座稍有规模的市镇。而且有些高楼大厦就算是城市吗？街道繁华如何准确定义？高档住宅就算是城市吧，那么郊区或者乡村的别墅区是否也与"城市"建立起了联系？以人口为衡量标准吧，那10万、20万、30万，还是100万人口才算是城市？仔细想来，要清晰地将城市与众多其他聚落区分开来似乎并不是那么容易。

确实，就是这么一个简单而基本的问题，却令学术界长期以来一直争论不休。虽然关于城市的研究论著可谓汗牛充栋，但是一直没有一个得到大部分人认同的城市定义。

当然，为了便于日常行政管理，近代以来各个国家都确立了一套大致按照人口划分的城乡标准。但由于不同国家之间巨大的人口差异，各国的标准也就千差万别。如丹麦，任何250人以上的居民集中区就被认为是城市，加拿大，1000人以上的居住区被视为城市，德国的标准则是2000人，美国是2500人，印度是5000人，马来西亚是10000人。

而在我国，2006年3月国家统计局发布《关于统计上划分城乡的暂行规定》对城镇和乡村的划分标准进行了确定。其中第四条规定，城镇是指在中国市镇建制和行政区

山西省右玉县老城

划的基础上,经该规定划定的区域。城镇又分为城区和镇区。其中城区是指:街道办事处所辖的居民委员会地域,城市公共设施、居住设施等连接的其他居民委员会地域和村民委员会地域。镇区则是指:镇所辖的居民委员会地域;镇的公共设施、居住设施等连接的村民委员会地域;常住人口在3000人以上独立的工矿区、开发区、科研单位、大专院校、农场、林场等特殊区域。这一定义中的城区类似于城市,划分标准主要是基于行政建置。

但这些划分只是为了便于行政管理,学者们可不吃这一套,社会学家有社会学家的定义,如巴多(Bardo)和哈特曼(Hartman)将城市定义为一种"具有某些特征、在地理上有界的社会组织形式"。经济学家也有经济学家的定义,如赫什(Hirsh)将城市定义为"是具有相当面积、经济活动和住户集中,以致在私人企业和公共部门产生规模经济的连片地理区域"。地理学家对于城市也有着自己的考虑,拉策尔(F. Ratzel)认为地理学上的城市,"是指地处交通方便之处、覆盖有一定面积的人群和房屋的密集结合体"。需要说明的是,上面三门学科中的三种界定方式,在各自学科中都不占主导地位,而且每一学科中都很难说存在什么占主导地位的定义。

界定现代城市都如此困难，更不用说历史上的城市了。每每考古工作者发现一个古代聚落的遗址，争论最多的问题之一就是：这个聚落到底算不算城市？如果这一聚落存在的时间够早，大多数研究者都认同其为城市的话，那将是一个了不起的考古发现。但是，要界定文字、器物、遗迹都少之又少的一座早期聚落是否为城市，确实太困难了。

打个不恰当的比喻（这种比喻将贯穿全书），大家可以考虑一下人是怎么界定的。我们是人，这当然不假，而且肯定不假。我们很容易区分出自己与猿和猴子之间的差异，至少从外观上，人没有浓密的体毛。现代生物学对于人也有着明确的定义，生物学中人的学名为智人，与黑猩猩、大猩猩、猩猩、长臂猿、合趾猿同属人科的灵长目动物（更为准确的分类是：真核域，动物界，后生动物亚界，后口动物总门，脊索动物门，脊椎动物亚门，羊膜总纲，哺乳纲，兽亚纲，真兽次亚纲，灵长目，真灵长半目，直鼻猴亚目，人猿次目，狭鼻下目，真狭鼻小目，人猿超科，人科，人亚科，人族，人属，人亚属，智人种）。

人类与其他灵长目动物的不同之处在于人类直立的身体、高度发达的大脑，以及由此而具有的推理与语言能力。不过，近年来生物学的研究发现，大猩猩、黑猩猩也具有一些基本的语言能力和推理能力，也会制作一些简单的工具。当然，虽然界定上依然存在少许麻烦，但至少我们现代人是不会弄混人和大猩猩的。但在人类进化史上，进化到哪个阶段的猴子，准确点说应该是猿，就可以被称之为人了呢？大多数人遇到这个问题估计就糊涂了。我们经常提到的元谋人、北京人，实际上正确的称呼应该是元谋猿人、北京猿人。那么，为什么生物学家认为元谋人是猿人而不是人？经过多年的研究，已经提出了一些大致的区分标准，如猿人具有人和猿的两重生理构造特征，大约生存于距今200万年到三四十万年前，猿人头骨低平，眉脊骨突出，牙齿较大，具有猿和人的中间性质，已经能制造石器。

即使已经确定了种种标准，但在具体研究中，对于某种早期猿人，甚至人的归类依然存在争论。例如生活在10万至1万年前的欧洲著名的尼安德特人，最初被划分为单独的一个门类（即尼安德特人种），后来又被认为是智人的一个亚种，但近年有些研究人员转而赞成原先的说法。

人的界定都如此复杂，古代城市更是如此。不过经过长期争论之后，西方学术界，至少是考古学界逐渐形成了一个大致的界定标准。这一标准最早是由20世纪英国著名考古学家柴尔德（Gordon Childe）提出的，他在《城市革命》一文中提出了界定城市的十个标准：（1）最初的城市，其占地面积较过去任何聚落都更为广大，其人口也更为稠密。（2）城市人口的构成和功能与之前聚落迥异，其中包括不从事农业、畜牧、渔捞或采集以取得食物的阶层，包括专业化的工匠、运输工人、商人、官吏与僧侣。（3）直接生产者必须向神或神权下的国王缴纳赋税，从而形成剩余财富的集中。（4）规模巨大的公共建筑不但标志着城市与此前村落之间的差异，而且成为社会剩余财富的象征。（5）僧侣、官吏和军事首长形成统治阶级，从事计划、组织等智力活动，同时下层阶级从事体力活动。（6）财富的经营促使文字的发明。（7）文字的发明进一步推动科学（数学、几何学、天文学）的产生。（8）由剩余财富所供养的专家从事关于艺术的新活动，艺术的概念化与复杂化造成各城市中心在艺术方面的差异。（9）剩余财富还用于输入外来商品，促成原料贸易的发达。（10）由于原料能够输入，同时受到以居住地域（而非亲族关系）为基础的国家的保护，专业化的工匠成为城市政治结构的下层成员。

这一界定的核心内容就是生产技术和贸易的进步使得经济迅速发

耶利哥古城住宅房基（张振老师供图）
耶利哥古城，坐落在耶路撒冷以东，靠近约旦河。早在公元前 8000 年前，此处就已经发展为一个密集的聚落，建有坚固的防御措施和一套精密的管理系统。

展从而引起社会结构的变化和知识领域的革命，这些是促使城市产生的主要动力。这些界定标准可以进一步简化为：规模、人口结构、公共财产、文字和计算科学、商业贸易。当然，细心的读者会发现，这些标准实际上也缺乏量化，如人口密度达到多少才算稠密？如何判断城市中出现了阶级分化以及贸易的发达程度？而且，柴尔德的界定标准中之所以强调经济贸易，主要是因为在两河流域以及埃及的早期遗址中发现了大量与贸易有关的器物和记载有贸易情况的文书。但中国的早期历史，尤其是夏商两朝以及西周早期，除了商代主要用于记录占卜结果的甲骨文以及少量青铜铭文之外，并无其他文字材料流传下来，对于"规模、人口结构、公共财产、文字和计算科学、商业贸易"都只能通过一些考古遗址和器物来进行判断，并不确凿，尤其是缺乏与商业贸易有关的记录。

  基于上述原因，中国的考古学者认为柴尔德的概念并不适合中国的实际，因此以柴尔德的概念为基础，结合中国考古的实际情况，提出了一些判定中国早期城市的标准。其中最著名和有影响力的是由著名考古学家张光直提出的，即夯土城墙、战车、兵器、宫殿、宗庙与陵寝，祭祀法器（包括青铜器）与祭祀遗迹，手工业作坊，以及聚落布局在定向与规划上的规则性。

与柴尔德的界定标准相比，张光直的概念更为具体化和物化，可以与考古发现的遗迹来进行比照，但是也存在解释上的问题，比如早期聚落中修建在大型夯土基址上的"大房子"是否可以判定为宫殿、宗庙与陵寝。而且聚落布局是否存在定向与规划上的规则性也是要基于主观判断。因此，在实际操作中，对于某些聚落是否可以认定为城市，考古学家、历史学家依然吵成一锅粥。于是乎，一些研究者采取了和稀泥的方式，在研究中采用"城"、"城邑"这样更为宽泛的词汇。当然，并不是说这些研究者不严谨，而是因为在这些研究中聚落是否是"城市"并不影响最终的结论，所以就没有必要在定义上自寻烦恼了。

由于上古时期资料缺乏，如此模糊处理尚可理解，但实际上文献材料丰富的历史时期也存在这样的问题，甚至晚至清代亦如此。确实，清代以及民国时期东南地区的某些县城，仅城墙周长就达八九公里，商业繁荣、人口众多，无论从哪个角度看，这样的县城都可以认定为城市。而一些西北、西南地区的小县城，周长不过两里，人口不过千余，怎么看也不过是个大村寨。显然，城市的行政等级不能作为判断的标准，这一下子历史学者就犯难了，因为中国古代太缺少可以量化的数据了，不仅没有准确的城市人口数据，更不用说各种经济数据了。如此状况，实在是无法确立普遍适用的城市确定标准。

面对这种情况，善于建立理论和概念的西方学者纷纷支招，其中对中国城市研究影响最大的当属德国著名社会学家马克斯·韦伯的观点，他认为一个聚落要成为城市，必须具备五个特征：一是防御特征；二是市场；三是自己的法院，至少有部分的自治法律；四是相关的社团；五是至少享有部分的公民自治权。

韦伯的观点主要来源于欧洲中世纪的城市，也就是自治共同体。同时他认为中国城市的首要功能是行政性的，需要周边农村的支持，其自身几乎不能创造财富,并且中国城市的起源导致中国的城市在政治体制中处于从属地位,城市本身不是一个独立的居民团体(即共同体),而是一个帝国中央行政管理的分支机构,由此他认为中国历史上从来没有过城市。对于这一定义,中国学者自然不会同意,或认为马克斯·韦伯不了解中国,或认为其概念的提出主要是基于欧洲的中世纪,因此不适合中国,甚至认为其对中国持有偏见,所以这一在西方影响很大的定义几乎不被中国学者所接受。

更为复杂的是,中国古代似乎没有城市这样的概念,只有城或者城池这样的界定,而城或者城池又不完全等同于城市。中国古代文献中城市一词最早出现于春秋战国时期,不过当时是一个由城(城郭)+市(市场)构成的复合词,在内涵上完全不同于现代的城市。在中国古代的各种官方文献中,基本没有将城作为一个单独的行政单元来处理,也就是说中国古代没有刻意强调城的特殊性,大多数情况下将城

明代的雄崖所城
这是一座明代的军事城市,位于今天山东省即墨市丰城镇海滨,等级类似于县城,但从现存的建筑来看,不仅城市规模很小,民居低矮,而且城市的基础设施也非常简陋。这样的城市在北方很常见。

与周边地区混同在一起对待，而且在漫长的历史中也极少有专门的用来记载城市的专著。不仅文献如此，在流传至今的清末之前的古代舆图中，极少出现现代意义上的城市图。当然方志中的城池图是例外，这种城池图表现的是整个政区的组成部分之一，重点并不在于强调城的特殊性。

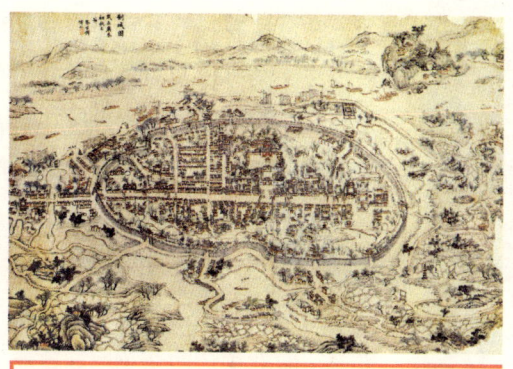

清光绪六年（1880）的剑城图
今江西省丰城县，图中不仅绘制了县城，还绘制了周边地区。

面对如此复杂的事情，我们的历史学者也只好仿效考古学家，在研究中采用各种和稀泥的办法，例如用城镇、治所城市等术语来替代城市一词。不少中国古代城市史的专著，虽然在前言中对城市的概念讨论得天花乱坠，但实际上其研究的就是那些治所城市（也就是府州县城）而已。总之，如何界定城市并无一定之规，在研究中只要界定合理即可。

其实，各种概念都有其合理性和侧重点，正如著名的美国城市史学者惠特利（P. Wheatley）所说："城市化（urbanism）是一个最变化多端的术语。"而且在起源后的5000年中，随着地域的差异和时间的变化，城市的内涵和外观存在着极其多样、差异极大的形式，因此惠特利认为没有理由将古今所有城市纳入一个统一的逻辑范畴和定义之中，试图定义城市的性质和基本特征最终会毫无结果。城市之美，不在于单一的字义，正在于定义之万千。

二 城市的孕育

在母亲温暖的子宫中静静等待的卵子遇到了精子,然后经过十个月的漫长孕育,新生婴儿呱呱坠地。以农业生产为核心的原始聚落,最晚在新石器初期就已经产生,而且随着时间的流逝,原始聚落的规模和数量不断增加。但这些原始聚落就如同"卵子",如果没有外界的干扰,将不断地产生、死亡,而不会发生本质的变化。人类历史上,引发原始聚落发生根本性变化的"精子",就是农业生产的变革。农业生产的变革,导致原始聚落发展成了城市,这一过程被学者们称为城市革命,而这种关于城市起源的观点则被称为农业先决理论。

人类文明的早期发展历史大致可以分成四个主要阶段:第一个阶段涵盖了整个旧石器时代,始于大约50万年前,一直延续到公元前1万年左右;第二个阶段是原始新石器时代;第三个阶段是新石器时代;最后,也就是第四阶段,即青铜时代,大约开始于公元前3500年到公元前

浙江省余姚市的田螺山遗址

3000年间，此后持续了将近2000年。四个阶段间的每次转变都源于社会经济领域的根本性、革命性的变化，也就是我们通常所说的生产工具和生产力的革命，同时与之相伴的是人口的大量增加。而且正是在最后一个阶段，出现了最早的城市文明，而引发这场革命的农业生产的变革则发生在新石器时期和第四阶段的初期。

新月沃壤：农业产生城市

当前绝大多数学者认为，城市革命也就是城市的产生必须具有一个必要条件，即社会的一部分人口生产可贮藏的剩余食物及其他主要材料，作为支持其他各种专业人士活动的支柱。简单而言就是农业的发展使得一部分人可以脱离农业生产，由此造成了人群的分化，从此原始聚落发展出了越来越多的功能，社会结构也随之发生了彻底的变化，聚落不再是单纯的农业生产单位，最终发展形成了城市。

农业上的根本变革最早大约发生在距今10000到8000年前，也就是大约公元前8000年至公元前6000年左右，不过不同地域的发生时间存在着一些差异。当时人类通过系统地培育某些植物，特别是原始大麦和小麦这类可食用的野生草籽以及驯养家畜，从而开始逐渐在食物供应上掌握了主导权。新石器农业革命使人类经济发展到可以不断增加食物生产的阶段，即使仅仅是雏形，也使社会组织因此得到扩展而形成了结构更为复杂的氏族。

现在普遍认为，地中海地区的南部和东部由于优越的自然条件，首先出现了农业革命。这一地带从波斯湾顶端开始向北延伸到底格里斯河源头的山脉，向西跨越幼发拉底河；然后向南经过叙利亚和巴勒斯坦的河谷与平原，形成一条曲线；最后跨过西奈半岛的沙漠地区，在宽阔的尼罗河河口三角洲和河谷地带向南延伸。这一地带即是所谓的世界"文明的摇篮"，同时由于土壤肥沃，形状类似一弯新月，因

新月沃壤示意图

此被历史学家称为"新月沃壤"。

不仅如此，其他兴起早期城市文明的地区也都是早期的农业中心，如美索不达米亚南部、埃及、印度河谷、中国的黄河流域和长江流域、墨西哥河谷、危地马拉和洪都拉斯的热带丛林以及秘鲁海岸和高原。

此后，农业从这几个起源地向外扩散，当然其中影响力最大的就是两河流域。这里起源的农作物，向东传播到了印度河流域，向北传播到了中亚和东欧，向西传播到了中欧和西欧，由此使得促使城市诞生的"精子"散布到了各地，与各地已经存在的"卵子"——原始聚落相结合，形成了各具特色的城市。中国的农业基本上是本土产生的，长江流域是稻作文化，黄河流域主要以粟（小米）和黍（糜子）为主，麦类则可能是从西亚传入的。

当然，除了农业之外，城市的产生还需要其他一些辅助条件，其中最为重要的就是书写文字。如果没有文字，就难以将各种文化长久地保存下来，数学、天文以及其他科学也不可能发展起来，更无法进行物资的细致管理和大规模的贸易，这些被学者称为是城市革命的技术条件。在一定程度上，技术条件与农业生产的变革也是相辅相成的。

在公元前3000年前后，城市革命所需要的各种技术条件逐渐成熟，这里可以引用美国著名城市建筑史和城市规划学家刘易斯·芒福德（Lewis Mumford）的观点："就目前的考古证据来看，大约在公元前3000年前后，可能有几个世纪的误差，农耕、犁、陶轮、航船、手工提花机、冶金、数学、精确的天文观测、历法、文字以及能明确表达思想的其他永久形式已经全部出现。"

当然，与城市产生相伴的是社会结构的变化。如果没有社会结构的变化，就无法调动、储存和利用剩余物资，即使农业再发达，原始聚落的规模无限膨胀，那么也仅仅是更大的村落而已。其实城市本身已经意味着一种与之前完全不同的社会结构。当然，实际上这种社会结构的变化也是农业革命的结果之一。关于这种与城市有关，甚或直接刺激了城市产生的社会结构大致有两种观点。一种观点是比较容易理解的，也是较为多见的，即认为这种社会结构就是国家的某种初级形态。而这种国家形态通常是建立在独裁或者强权基础上的，无论埃及还是中国都是如此。古代希腊的那种民主制度，在世界范围来看只是个案，是一种偶然现象。在这种社会结构之下，统治者所在的聚落聚集了大量的人口、财富，他们还控制了城

田螺山遗址出土炭化水稻颗粒
遗址位于今浙江省余姚市三七市镇相岙村，距今约7000年。根据推测，当时遗址周围存在水稻田，说明居民开始种植和储存水稻作为粮食，显然农业已经发展到了一定的水平。

市中的各种大型设施（如城墙、祭坛、宗庙、宫殿）的兴建；由于城市中存在大量非农业人口，为了维持这些人口所需的粮食，国家调动人力修建了大规模农业生产所需要的水利设施；国家在垄断知识的基础上，主导推动了科技和生产工具的改革；作为贸易中心，国家以城市为媒介，与其他地区展开了商业贸易和物资交换等商业活动。由此，国家这种社会结构不仅刺激了城市的产生，也维持了城市的存在和繁荣。

另一种观点则认为这种与城市有关的社会结构是以宗教为基础产生的。这一观点是刘易斯·芒福德在其城市理论名作《城市发展史——起源、演变和前景》中提出。这一观点认为，在早期社会，出于某种原因，某一地理位置被认为具有宗教上的神圣性，围绕这一圣地由此产生了最为基本的聚落和一些与祭祀有关的宗教组织。随着圣地影响力的逐渐扩大，聚集的人群逐渐增多，宗教组织的权力也不断拓展，从而聚集了大量的财富并控制了大型设施的兴建。随着人口的增加、农业的发达，人口中除了农民之外，出现了为宗教组织以及圣地服务的其他人群，如工匠、商人等，最初的城市也就由此产生和日渐繁荣。确实也发现了一些例证，如伊拉克北部曾经做过亚述王国都城的霍尔萨巴德古城（Khorsabad），该城巨大的宫殿、庙宇建在一个高达18米的方形土台上，全城被厚达75英尺的城墙环抱，这样的厚度对于当时人类所能具有的攻城手段来说是完全不必要的；而且宫殿的一半凸出到城墙的外面，也不符合安全的原则。因此，考古学家猜测这一不合实际需要的城墙具有划定圣界的功能，而这座城市则起源于城墙所环绕的圣地。上述观点也逐渐影响了中国的考古工作者，他们开始对已经发现的某些早期城市的起源做出不同的解释，如四川广汉三星堆古城，东、西、南三面建有基部厚40米、顶部厚20米的城墙，有学者就认为三星堆城墙固然高大坚厚，但内外两面却都是斜坡，横断面呈梯形，这种形制根本不可能适用于战争防御，而且从当地地形分析，也难以起到防洪的作用，这只能表明三星堆可能具有宗教礼仪性质，是神权象征性的产物。

新黑曜石城：城市早于农业

"农业先决"理论在19世纪60年代后期受到了一些挑战，其中最著名的挑战者就是美国学者简·雅各布（Jane Jacob），她在《城市经济》（Economy of Cities）一书中提出了"城市先决"的理论，也就是认为城市的出现必定要早于农业的产生。为此，雅克布基于著名的加泰土丘的考古发现，虚构了一座新石器时代的城市——新黑曜石城（Obsidian）。

这座人口大约2000人的城市的兴起是因为附近有一座死火山，火山石经过加工可以成为锋利的狩猎工具——黑曜石，因此附近的猎人们经常携带猎物到这里与控制这座火山的城市居民以货易货。随着时间的流逝，作为贸易中心的新黑曜石城逐渐壮大，它的食物主要来源于与周边从事采集、狩猎的人群以货易货贸易中数量不断增加的不易腐败的野生食物、活的牲畜和采集的野生植物的坚硬种子。其中温顺易驯服的动物被饲养并不断繁衍，而不容易驯服的动物则被宰杀。冬天过后残留的种子被播种在仓库附近的野地里，以便城市中的人也可以进行采集工作。这种毫无意识的物种之间的混杂，促使这些植物开始杂交。由于这些杂交物种的产量更高，因此引起了人们的注意，于是人们开始了有意识的精心挑选。

谷物的培育是一个艰巨的过程，它必须同时满足以下条件：一是在很长一段时间里，平常不种在一起的种子被频繁、持续地种植在一起。二是混在一起的不同作物的种子必须由专人密切关注，这些人必须能够对新的发现，也就是产量的提高做出恰当反应。三是这些地方不能受到食物短缺的影响，否则培育出来的谷物就会被全部吃掉，由此作物的培育过程就会被打断。从上述三项条件来看，城市的繁荣是这一过程的前提条件。虽然，在很长时间内，新黑曜石城所有的食物供应依然主要来自其领土内的野生动植物、进口的野生动植物和种子以及新的家养动植物，但由于新作物的培养和动物的驯化，大大增加了城市自己生产的食物，因此食物进口数量反而有所减少。在不需要进口那么多食物之后，新黑曜石城的人们转而可以进口许多其他东西，如此一来，城市的市场越来越繁荣，不仅以货易贸的需求变得多元化，城里的商人也频繁地前往更加遥远的地方，由此城市规模逐渐变大、日益富裕，也吸引了一些边远部落的人迁移到城市中。由于商人贸易范围的扩大，同时他们外出经商时通常会带着新黑曜石城生产的食物，因此农作物便从一个城市传到另一个城市。与此同时，农村居民仍然从事狩猎和采集野生食物的活动，没有太大的变化。因此，在新石器时代，植物和动物的培育只能由城市来完成，并且在城市之间相互传播。

后来，由于农业生产和动物的培育需要占用太多城市中的宝贵空间，因此城市就会决定将畜群从城市转移到城市附近的牧草区，城市中专门从事这些活动的居民（也就是后来的牧民）也随之迁移，同时还带上谷物的种子、烹调设备和其他日用品。此后，早期城市的腹地就出现了两类村庄：原来的古老的狩猎村庄和新兴的专门从事畜牧业生产的农业村庄。后者最终发展成为专业化的聚落，目的是满足城市对畜牧业的需要，而这些村庄的谷物则完全自给自足，如果出现短缺就要用畜牧产品去城市交换谷物。此后，随着城市人口的增加，谷物种植也经历了类似的过程，形成了新型的农业村庄。

雅各布的新黑曜石城看上去似乎也是一条城市产生的途径，然而上述对新黑曜石城的论述以及她的"城市先决"理论，在考古方面存在两点致命的缺陷：

第一，狩猎和采集区的面积至少要有5万平方英里，才能满足一座人口达到2000人的城市的需要，这个区域的半径至少是120公里。而在人类文明史上具有重要意义的轮子的发明却是在5000年之后，那么问题就是，当时如何能在食物不变质的情况下，将它们迅速运输到城市。

第二，通常认为，大规模的贸易以及用于商业交换的产品和用于消费的食物的储存，需要进行详细的记录。只有存在详细的记录，这样的活动才能发展到一定的规模。然而根据目前的考古资料，新黑曜石城产生几千年之后才出现了原始文字。

虽然新黑曜石城不存在，对城市产生的论证也有缺陷，仍不失为一个大胆的假设、浪漫的故事，令人对城市的神秘起源充满幻想。实际上，城市的起源是一个非常复杂的问题，也是城市史研究中最令人瞩目的问题。与城市起源相伴的是人类早期文明的产生，纷繁的理论、对各种因果关系的讨论、汗牛充栋的考古材料，给人以无限想象的空间，只有极具综合力和想象力的头脑才适于这方面的探索。

世界各地城市的雏形
耶利哥与加泰土丘

随着考古工作的进行，位于约旦河谷中的耶利哥，以及位于土耳其南部科尼亚东南50公里的安纳托利亚高原上的加泰土丘，可能是当前发现的最早的城市雏形。根据考古发掘资料，早在公元前8000年前，耶利哥古城就已经是一个密集发展的聚落，建有坚固的防御措施和整套管理系统。据推测大约是在公元前9000年，也就是大约在中石器时代，在泉水旁建造了圣地。由于在耶利哥发现了13.7米深的人类活动形成的沉积物，估计人类居住的时间非常悠久。当然，在公

耶利哥的航空照片（张振老师供图）

元前 9000 年至公元前 8000 年间，原有的社会结构必定也发生了质的变化，形成了远比以往复杂的社会结构，而且聚落规模也不断扩展。

加泰土丘是位于平地上的两个呈椭圆形的土丘，大约 450 米长，275 米宽，占地约 12 公顷，高于地表 17.5 米，并且发现有 19 米深的新石器时期的沉积物，在地层中共发现了代表前后 12 座城市的 12 个前后相继的建筑平面。最古老地层的时间大约是公元前 6500 年，最上层的建筑平面的时间是公元前 5600 年，此后这个地点被放弃了。

加泰土丘的居民住宅和防御设施比较特殊。城市中所有居民的房屋都不开门，需要通过屋顶的通道才能进入房屋。这种类型住宅，在安纳托利亚的中部和东部的一些聚落中还能找到。现在考古学家推测，采用这种住宅形式的原因是因为一方面这一地区用于修建城墙的石块不太容易找到；另一方面由于加泰土丘的城市规模很大，如果修建城墙，那么防御时需要大量的人力，而且一旦城墙某处被攻破，敌人将会涌入城市，整个花费不菲的防御体系也就土崩瓦解。因此，这一城市的居民没有建筑坚固的城墙，只是环绕整个聚落建造了连续不断的住宅和储藏室，而且只有从屋顶才能进入，这样即节约了防御成本，也保障了城市防御系统不会瞬间崩溃。

在这里还需要介绍一下土丘这个概念。土丘是指那些长期存在的聚落逐渐形成的土丘，大致分布于今伊朗、伊拉克、巴勒斯坦、土耳其、俄罗斯南部以及欧洲少数地区，它们都是几千年来城市在旧建筑物废墟上不断重建而形成的。在美索不达米亚及其他河谷地区，大多数建筑都由晒干的泥砖建造，用窑烧制的砖只用于城墙、宫殿和庙宇墙体的表面。这种泥砖建造的房屋大概只能

埃尔比勒，古名阿贝拉（张振老师供图）
位于今伊拉克首都巴格达以北约200英里，库尔德山脚下。虽然这一土丘还没有进行系统发掘，但通常认为人类在这里不间断居住的时间长达6000至8000年。

用75年左右。在建造新房屋时，通常并不将原先房屋残留的土块运走，而是将其铺平作为新房屋的房基，从而逐渐使得地面不断升高。当然，有时也会在城市毁坏和荒弃一段时间后彻底重建。今天我国新疆地区的一些城市中依然能看到这种土丘。

当然，对于耶利哥和加泰土丘是否能称为城市，学者之间还存在

喀什城土丘，今称高台民居

争论。一些学者认为耶利哥和加泰土丘都不能称为城市，它们只是规模较大的聚落，可以被叫作"镇"或者"原始镇"，或者是生长过度的农村。也许这两座聚落的遗址应当只是城市的雏形。这一地区的城市雏形可能还包括现在的宗教圣城耶路撒冷，这座城市的历史可以追溯到公元前4000年，早期聚落坐落于今天城市的东南方，位于一道山脊的南部，其东侧是西罗亚水池，西侧是泰普尼河谷。在公元前19世纪的埃及诅咒祷文和公元前14世纪阿马尔奈文书中都曾提到这里。最早的聚落大约占地195.7亩，最早的防御城墙大约出现在公元前1800年之前。当时这一聚落的地理位置非常重要，控制了通过巴勒斯坦中心高原的南北交通的咽喉要地。

现在毫无疑义的观点是，人类历史上最早的城市革命发生于新月沃壤地区，此后底格里斯河、幼发拉底河的冲积平原，也就是美索不达米亚地区，在公元前4000年到公元前3000年之间，可能甚至更早一些，某些农村公社不仅规模迅速扩大，而且结构也发生了很大变化。这种过程在公元前3000年前的苏美尔城邦达到了顶峰，这是一种高度发达的城市文明，已经不能看成是处于雏形阶段的城市。对此，我们将在下一节中介绍。

中国古城源流

据考古资料，湖南沣县城头山大溪文化城址是中国目前发现最早的"城"，时间距今约6000年以前。城头山遗址位于湖南省沣县西北约10公里的车溪乡南岳村东南，位于洞庭湖西北岸沣阳平原

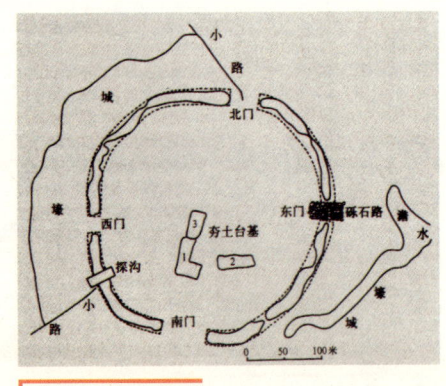

城头山遗址示意图

中部的徐家岗南端东头，城址平面略呈圆形，面积约8万平方米，城垣残存高约4米～5米，城址保存有东西南北四个缺口，应该是城门的位置，城垣外侧有城壕环绕。城内西南部比其他地区高出约1米左右，中心有一夯土台基，坐西朝东，东西宽约20米，南北长约60米。城内一共发现10多座大溪和屈家岭文化夯土台基式的房屋建筑，200多座大溪文化墓葬和500多座屈家岭文化墓葬，还有一个占地数百平方米的陶器作坊，在城东墙内的地面上发现一座大溪文化早期的祭坛和数十座同期祭祀坑。经过考古发掘，确定古城曾经四次修筑，其中第一期建于大溪文化早期，距今约6000年；第二期约建于大溪文化二期偏晚，距今约5600年；第三期约建于屈家岭文化早期，距今约5200年；第四期约建于屈家岭文化中期，距今约4800年。

此后，距今大约6000年至5000年左右，黄河流域的仰韶文化和山东的大汶口文化都发现有城址。仰韶文化晚期的河南郑州西山遗址，时间距今约5500年左右，位于河南省郑州市北郊23公里处的占荥镇孙庄村西，位于枯河北岸二级阶地的南缘，南北长350余米，东西宽300余米，占地面积10余万平方米。其中仰韶文化城址平面近似圆形，直径180米，推测城内面积原有25000余平方米，现存城垣残长265米，城外有壕沟环绕，发现城门两座，即北门和西门。城内发现房屋基址200余座，大都残缺，西门内东侧有一座大型夯土基址，东西长14米，南北宽8米，周围还有数座房屋基址环绕，其北侧有一个占地数百平方米的广场。发现仰韶时期两处墓葬，共143座，一处位于城外西部，另外一处位于城内北部。根据考古资料，在郑州一带，北依黄河，可能存在着以大河村遗址为中心，呈半环形分布的聚落群址。西山城址是次于大河村遗址的外围次中心聚落之一，是这一聚落群中北部聚落的中心。这似乎体现了这一时期的社会结构发生了根本性变化，已经产生了国家的雏形。山东地区大汶口文化晚期，距今约5000年的西康留遗址中也包含了城址。遗址位于山东省滕州市官桥镇西康留村北，南临薛河故道，西邻小魏河，处于两河交汇的河旁高地上，东西长450米，南北宽约440米，面积约20万平方米。大汶口文化城址位于遗址中西部，东垣长约180米，南垣长约175米，西垣南段残长约45米，北垣东段残长约76米，估计面积约3.5万平方米。城内建筑布局情况尚不清楚。

到了龙山时期，全国各个地区的不同文化的遗址中都出现了城址。

莒县大汶口出土的尊，上有象形文字

龙山文化的平粮台遗址位于河南省淮阳县东南4公里的大朱庄西南台地上，高出附近地面3米～5米。平粮台龙山城址平面为正方形，长宽大约185米，占地面积3.4万余平方米，在南北城垣中部发现有缺口，应当是城门所在，在门道下还发现有陶水管道。城内发现房屋基址10余座，其中有高台建筑；此外还发现有陶窑3座，墓葬16座，灰坑260个。平粮台附近分布着众多龙山文化遗址，大多数在数千至两万平方米之间，平粮台城址是众多聚落的核心。

城子崖遗址，始建于龙山文化早期。位于山东省章丘市龙山镇以东武原河东侧台地上，该遗址中分别存在有龙山文化城址、岳石文化城址和周代城址，其中龙山文化城址平面近似凸字的方形，东南西三边城垣较直，北边城垣弯曲外凸，拐角呈圆弧形，东西宽445米，南北最长540米，面积约20万平方米。岳石文化城址平面基本与龙山城址一致，城内面积约17万平方米。遗址周围方圆20余公里的范围内分布着约40处以上的龙山文化遗址，面积都较小，从几千到几万平方米不等，城子崖显然是这一聚落群的中心。

陶寺遗址，位于山西省襄汾县城东北7.5公里的塔儿山西麓，总面积达430多万平方米。2000年，在遗址内发现一座陶寺文化的城址，平面大致为圆角长方形，至今已经发现北墙三道、东墙一道、南墙两道，尚未发现西墙，在城内还发现有其他一些墙垣的遗迹，但性质并不清楚。现在发现的房屋遗迹主要分布在城内西北部，分地上和半地穴式两种，在建筑形式上形成鲜明的对比。此外在城内东南角发现有大约占地3万平方米的墓地，分大中小三型，其中大型墓8座，出土了大量随葬品，与中小型墓葬等级差异鲜明。陶寺遗址规模巨大，在整个中原地区的龙山文化中都是首屈一指的。在这里还发现了世界上最古老的观象台，中国最古老的乐器，中原地区最早的龙图腾，黄河中游史前最大的墓葬。由于这些具有划时代意义的发现，以至于有不少学者认为陶寺遗址是尧舜的王都，当然这一点学界并没有达成共识，不过这里无疑应是某一强盛的早期国家的王都。

内蒙古地区老虎山文化的老虎山城址，位于凉城县西南的永兴

龙山文化蛋壳陶
龙山文化泛指中国黄河中、下游地区约当新石器时代晚期的文化遗存，发现于山东济南章丘龙山街道办事处。这一文化的陶器比大汶口文化更为先进，烧出了薄如蛋壳的器物，表面光亮如漆，俗称"蛋壳陶"。

乡，坐落在蛮汗山余脉老虎山南坡，遗址主要分布在西北—东南走向的两座山脊之间，并沿山脊修筑有石围墙，总面积在13万平方米左右。城内发现房屋基址60座，城南墙外有一处规模较大的窑场，面积约6000平方米，发现并排分布在北部围墙内侧的3座墓葬。白玉山城址位于内蒙古凉城县永兴乡，东北距离老虎山遗址约2.5公里，坐落在蛮汗山余脉西白玉山南坡。山坡两侧为自然山谷，主要分布在西北—东南走向的两个山脊之间，并沿着山脊修建有石墙，整体大致呈三角形，城址内发现房屋基址10余座。

四川地区宝墩文化的宝墩城址，时间约在4000多年前，位于新津县城西北约5公里的龙马乡宝墩村，城址平面略呈长方形，建于高约3米的台地上，城垣东西宽约600米，南北长约1000米，周长约3200米，面积约60万平方米。城内发现房屋基址2座，墓葬数座。芒城城址位于四川省都江堰市区南约12公里的青城乡芒城村，城址平面略呈不规则长方形，有内外两城。外城南北长约360米，东西宽约340米，面积约12万平方米；内城南北长约290米，东西宽约270米，面积约7.8万平方米。大家耳熟能详的李白的《蜀道难》中有这样的名句："噫吁戏，危乎高哉！蜀道之难，难于上青天！蚕丛及鱼凫，开国何茫然。尔来四万八千岁，不与秦塞通人烟。西当太白有鸟道，可以横绝峨眉巅。"有些学者根据在四川发现的这几座城址认为李白诗句中所记"蚕丛"和"鱼凫"这两位蜀王并不是传说，这些城址即使不是两位蜀王的都城，也应当与他们有所关联。

湖北地区石家河文化的石家河城址，位于天门市石河镇北约1公里处，以土城村为中心，分布着30多座新石器时期的遗址。石家河城址平面略呈圆角长方形，南北长约1200米，东西宽约1000米，面积约120万平方米。城内中央的谭家岭遗址面积约20万平方米，存在大批单间或分间式房屋遗迹。城内西北角的邓家湾是一处从屈家岭文化延续到石家河文化早期的墓地，发现墓葬近百座。在城外罗家柏岭发现有一组石家河文化早期的庭院式建筑遗址，城外东南部的肖家屋脊则是一处比较重要的墓地和宗教活动场所。

位于浙江省余杭市瓶窑、安溪、良渚三镇一带的良渚文化的莫角山城址，由西城、东城和北城三座城址构成。初步推测，西城是宫殿区所在，东城与北城可能属于卫城。以该城址为中心，分布着面积达33.8平方公里的余杭良渚遗址群。

我们从小受到的教育就是中华文明起源于黄河流域，不过我国著名的考古学家苏秉琦提出中华文明的起源是多源的，中华大地上的早期文明是"满天星斗"，上述对于我国古代早期城址的介绍也证明了这一点。中华文化应当是各种不同文化长期融合、发展的结果。

总体来看，中西方早期城址的布局、形态和分布大致具有以下特点：一是很多大型聚落（城址）修建有夯土城墙，这点也是当前判定考古发现的聚落遗址是否为城市的标准之一；二是城址的整体布局较为凌乱，也许是长期发展的结果，也许是这一时期还未有规划的意识；三是与数量众多的聚落遗址相比，能断定为城市的聚落数量极少；四是从墓葬形式、房屋建筑的规格等遗迹来看，当时的社会结构已经发生了明显的变化，可能出现了国家的雏形。

三 婴儿期——城市文明

虽然在时间上存在一些前后差异，但大致在公元前3000年至公元前2000年间，欧亚大陆上的绝大多数地区都产生了最初的城市。这些最初的城市无论在城市布局，还是在规模上，都远远无法与后期的城市相比，属于城市发展的婴儿期。越是高级的动物，其婴儿期越是脆弱，越是依赖于环境和外界的呵护。作为人类聚落发展最高阶段的城市，其婴儿期也是如此。本节中所介绍的各个地区在发展时间上处于婴儿期的城市，虽然大部分都产生了辉煌、繁荣、发达的城市文明，但除中国之外，大部分后来都夭折了。各个地区处于婴儿期的城市已经显露出不同的特点，这些特点的形成往往与这些古代文明的发展历程、所处的地理环境、文化的特点密切相关。

美索不达米亚：神守护的城市文明

美索不达米亚文明是一个典型的以城市为核心的文明，最初的城市文明是由苏美尔人建立的。苏美尔人并不是本地人，可能来源于阿富汗或者印度西北部的山区，他们称自己为"黑头的人"。在公元前3000年左右，这一地区已经出现了12个相互独立的城邦。城邦中居民众多，拥有复杂的宗教、政治、军事结构，掌握了先进的技术，并与外界建立了广泛的贸易联系。到了公元前大约2750年，闪米特人萨尔贡（Sargon）在巴比伦附近建立了阿卡德城（Agade），作为第一个统一帝国的首都。由于两河流域位于几块大的地理单元的交界处，这种地理位置使得这一地区不断遭受外来民族的入侵，苏美尔人、阿卡德人、阿摩利人、亚述人、埃兰人、喀西特人、胡里特人、迦勒底人等民族先后进入美索不达米亚。此外，底格里斯河和幼发拉底河每年河水泛滥以及持续存在的外族入侵，使得苏美人感到自己面对的是许多无法控制的力量，因此他们认为人生来只是为神服务的。在这种宗教观念之下，神在苏美尔的城市社会中拥有至高无上的地位，作为神的代表的祭司阶层也拥有极高的权威。他们构建了一个完整的宇宙体系来解释人和自然的各个方面，自然界和人类生活的每一领域都由不同的神掌管，他们的神殿中拥有3000多位神灵，每个苏美尔城市都拥有自己的城市守护神。

苏美尔人所使用的楔形文字（张振老师供图）

由于神和宗教在日常生活中的至高地位，神庙是苏美尔城市中最引人注意的建筑。神庙通常修建在高台之上，形成高耸入云的梯形结构，这使得它们在周围建筑中显得鹤立鸡群，这种神庙建筑被称为"塔庙"，这也是两河流域城市中与众不同的建筑。由于常年持续不断的战争，两河流域的城市都修建有坚固高大的城墙。

公元前6世纪之后，随着波斯人和希腊人的先后崛起和征服，两河流域本土的城市文明逐渐衰落，文字也被逐渐遗忘。直到19世纪中期，随着近代考古发掘的开始以及楔形文字的破解，世人才逐渐了解到古代美索不达米亚城市文明的辉煌。

乌尔城，位于今天伊拉克的阿勒—穆卡亚地区，可能起源于一座或者一群紧邻的农业聚落。这些聚落选址于高地边缘，不仅可以免受洪水威胁，而且距离幼发拉底河不太远，方便从发展起来的沿河贸易中获益，以及进行灌溉农业。乌尔城约建于公元前2100年至公元前

|欧|亚|大|陆|上|的|城|市|——一部生命史

乌尔城中高耸的塔庙（张振老师供图）
塔庙建于 4100 年前，此后历朝都不断增建和扩建，这种建造活动一直持续到波斯居鲁士大帝和希腊亚历山大大帝。目前保留下来的这一部分遗迹依然十分巨大：约 64 米长，46 米宽，30 多米高。

2000 年，也就是乌尔第三王朝统治时期。由三个基本部分组成：有城墙的老城，圣界或宗教场所，外侧的城镇。有城墙的老城呈不规则的椭圆形，大约 0.75 英里长，0.5 英里宽。它坐落在一座由之前建筑遗迹形成的土丘上，西侧是幼发拉底河，北部和东部由可通航的运河环绕。在城北和城西分别有一个港口，同时可能还有一条小运河穿过城区。城墙主要是在乌尔—那穆（Ur-Nammu）统治时期修建的。城市人口据估计大约有 3.4 万人。在一首苏美尔诗歌中讲述了风神恩利尔爱上了年轻的女神宁利尔并与之结合，因此引起众神的愤怒而被放逐，后来他们生下了月神南纳。恩利尔和宁利尔的塔庙建在乌尔城中心，屹立在 25 米的三层高台之上，周围是拥挤的民房、店铺和市场。

乌鲁克城位于乌尔城顺幼发拉底河上行 96.6 公里处，已经进行了考古发掘，是已知最大的苏美尔城市，公元前 3000 年修建，其防御工事内的面积约 5 平方公里。这道防御工事由两道城墙构成，上面修建有上千座半圆形棱堡。埃安纳神庙占据了城市的中心位置。乌鲁克的繁荣时间约在公元前3500年至公元前2300年。当时的城市由寺庙、宫殿、行政机构和仓库建筑构成。古希腊著名历史学家希罗多德在他的名著《历史》一书中对乌鲁克城进行了详尽的描述：

> 城市位于广阔的平原之上，几乎是正方形，每边长120弗隆（1弗隆约等于201米）……首先，它的四周被一道深深的充满水的城壕所环绕，城壕之内是厚达50皇家库比特（1皇家库比特等于4.57米）的城墙，高度是610米……城墙四周有一百座城门，用青铜铸造，即使门柱与门楣也不例外……城市被河流（幼发拉底河）分为两个部分，这条河流从城市中间穿过……住宅有三到四层高，所有的街道笔直，不仅仅与河流平行的街道如此，通往水边的小街也是如此……城市两个部分的中心都有一座堡垒……其中一座耸立着国王的宫殿，环绕着高大坚固的城墙；另外一座是朱庇特·柏罗斯的宗教区域。每一个封闭的区域，边长2弗隆，用坚固的青铜作为门（这一区域的中心是一座八层的塔庙）。在最高的塔（塔庙）上，是一座宏大的庙宇。

这段文字当然有夸大的成分，但也形象地展现出乌鲁克城的宏伟。

公元前19世纪，来自叙利亚草原的阿摩利人攻灭了苏美尔人建立的乌尔第三王朝，并以巴比伦城为都，建立了巴比伦王国，由此也揭开了巴比伦城辉煌的一页。历史上著名的颁布《汉谟拉比法典》的汉谟拉比就是巴比伦王国的第六代国王，但不久之后，王国就瓦解了。此后直至公元前7世纪，闪米特人的一支迦勒底人再次以巴比伦为都，建立了新巴比伦王国。尼布甲尼撒二世统治时期，王国达到鼎盛，并对巴比伦城进行了大规模重建。巴比伦城由两道围墙环绕，城门八座，外侧还挖掘有壕沟，城内的主干道中央用白色及玫瑰色石板

古巴比伦城遗址（张振老师供图）

铺成。城的北门，即伊丝达尔门，表面用青色琉璃砖装饰，砖上有许多公牛和神话中怪物的浮雕。幼发拉底河自北向南纵贯全城，城内的主要建筑是埃萨吉纳大庙及所属的埃特梅兰基塔庙，高达 91 米，基座每边长 91.4 米，上有 7 层，每层都以不同色彩的釉砖砌成，塔顶有一座用釉砖建成供奉玛克笃克神金像的神庙。被誉为世界七大奇迹之一的"空中花园"，就是尼布甲尼撒二世为他所娶的波斯公主修建的。

埃及：临时的城市与永恒的金字塔

虽然现代将埃及划入到了非洲，但在古代，埃及与欧亚大陆之间存在着非常密切的联系。与两河流域的地理环境不同，埃及西面是利比亚沙漠，东侧是红海，南面是努比亚沙漠和尼罗河大瀑布，北面是尼罗河三角洲地区，只有东北侧可以经由现在的西奈半岛与外界相连。这种基本封闭的地理环境使得埃及较少面对外来威胁，因此埃及文明最终形成了一种持久的帝国文明。与两河流域迅猛、不可预测的洪水相比，尼罗河的泛滥是可以预测的，而且泛滥带来的肥沃土壤造就了埃及发达的农业,并为国内的交通提供了极大的便利,因此古希腊历史学家希罗多德才感叹道:"埃及是尼罗河的赠礼!"

因此,与美索不达米亚人对现实的悲观不同,埃及人更关心死后以及来世,他们(尤其是作为神在人间的代表的法老)在现世要为来世做好物质方面的准备。法老去世后,尸体要进行防腐处理,也就是制作成木乃伊,然后与食品及其他必需品一起放入巨大的陵墓——金字塔中。同时,由于法老在埃及宗教中的崇高地位,因此据说埃及的农民在建造金字塔时热情很高,因为他们相信他们正在为一位能决定他们共同幸福的神修建宅邸。每一位法老都要选择离他坟墓较近的地方作为居所,他一生中最重要的时期都在那里,并修建金字塔和庙宇。为了安置行政中心,那么就需要在陵墓和庙宇附近建造新的城市。法老死后,这些城市被荒弃,只留下僧侣继续在那里祭祀并管理法老陵寝附近的土地,除非下一位继任者仍然在这个地区修建他自己的坟墓。由于几乎所有的建筑技术和耐用材料都用于修建金字塔和庙

红金字塔(张振老师供图)

红金字塔号称"第一座真正的金字塔",高104.4米,是仅次于胡夫金字塔和卡夫拉金字塔的世界第三大金字塔。它的修建者是古埃及第四王朝的创建者和第一位法老斯尼夫鲁(Sneferu,统治时间为公元前2613—前2589年)。

宇建筑，故城市建筑都属于临时性的，布局也是最为简单的模式。与其他古代文明遗留下来的恢宏的城市相比，埃及的城市遗迹较为罕见，而且无论是建筑还是布局都十分简单。

埃赫那顿头像（张振老师供图）

阿马尔奈城是现在保存最好的古埃及城市，位于尼罗河东岸，城市周围的悬崖恰好构成一个长约11000米、宽仅4000米～4800米的半圆形。在这里建城的原因是因为古埃及第十八王朝的国王法老埃赫那顿（约公元前1379—前1362年在位）发现很难在原来的都城底比斯进行宗教改革，于是沿河而下建设了新城。埃及传统宗教中的最高神是阿蒙，埃赫那顿原名阿蒙霍特普（意思是阿蒙的钟爱者）四世，但他在继位之前就对阿蒙神庙的祭司们非常不满，因此在即位后立刻进行改革，用奥波里城的地方神阿吞神（太阳神）取代了阿蒙神。当然，这一改革遭到了极大的抵抗，这也是他迁都的重要原因。不过在他死后不久，他的继任者就将首都迁回了底比斯并恢复了旧的宗教信仰。阿马尔奈城从此荒弃，再也无人居住。这座城市沿着尼罗河东岸呈直线形布局，三条与河流互相平行的道路将城市的各个区域连接起来。全长大约11公里，距离河岸的宽度从800米至1500米不等。整体形态由一个中心区以及其北部和南部的郊区构成，此外在东方1000米处有一个经过规划的墓地工人的村落。埃赫那顿修建的新的太阳神庙以及附属的管理机构和仓储建筑都位于城市的中心，附近有宫殿、行政机构和兵营。尽管这座城市没有设防，但围绕较小的中心庙宇和一座位于北部的主要宫殿还是修建了具有象征意义的围墙。

卡阖城修建于公元前1835年左右，城市主要分为三个部分，由大的祭庙、塞索斯特里斯二世的金字塔和规划过的棋盘格城镇构成。金字塔修建完成后，这里被祭司和相应管理机构的官员占用。卡阖城存在了150年，直到祭庙被放弃，城市由于丧失了经济基础而荒废。卡阖城遗址接近方形，有墙环绕的部分

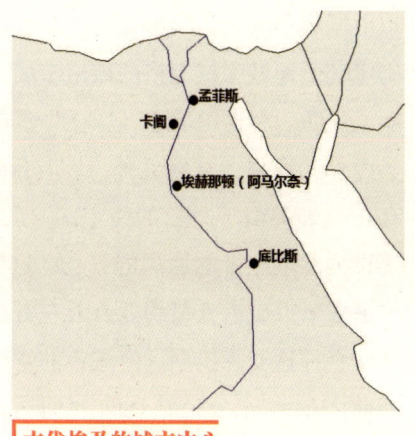

古代埃及的城市中心

周长约1300米。每条街上的房屋类型都一致，虽然没有花园，但是不管多小的住宅，都会有一个开放式的小庭院，今天埃及人的住宅也是如此。普通工人的住宅至少有三个房间以及一个庭院。根据地位的不同，其他居民的住宅可以拥有四到六个房间，其中一些大房间有两层。根据文献记载，城镇中至少存在一座属于城市自身的寺庙。

哈拉帕：神秘消失的文明

印度河流域每年一次洪水，只要进行简单的灌溉控制，就可以发展农业，因此这里很早就建立起相对较大的聚落。大约在公元前5000年前，印度河流域已经存在比较发达的聚落了，这与美索不达米亚大约是在同一个时期。这个时期的文明产生了以哈拉帕为代表的城市，而这一文明也是以这座城市命名的。

哈拉帕城存在时间大约是公元前2150年至公元前1750年间。其坐落在印度河流域的东北，位于旁遮普的印度河支流拉维河（Ravi）旁。19世纪中期修建铁路时，建筑工人将城市遗址的碎砖大量运走，对城市遗址造成了极大的破坏。不过通过进一步的挖掘，可以确定城

市由城堡和低地城两部分构成。城堡大致的轮廓已经确定,并且可以确定其低地城为棋盘格的街道布局。城堡周围是用泥砖修建的防御土墙或堤防。在这道墙中,城堡坐落在一个泥筑的平台上,但很难复原其内部的布局。城堡之外,在与河岸之间大约270多米宽的空地上,存在一处类似于兵营的住宅区,应当是工人们居住的。此外还有12个排列在墩座上的通风的谷仓。这些谷仓的总面积加起来超过了800多平方米。城市人口约3万人左右。另一座重要的哈拉帕文化的城市是摩亨佐达罗,根据这座城市的发掘情况推测,哈拉帕城市文明在公元前2154年至公元前1864年间达到成熟。摩亨佐达罗坐落在印度河的右岸,距离现在的河道大约3公里,其城堡所在的土丘耸立于平原之上,四周围绕着用烧制泥砖垒砌的高约13米的堤防。据推测,城堡中应当包括宗教建筑、储存剩余食物的谷仓、行政办公机构,可能还包括一个集会大厅,以及一个巨大的8英尺深、32英尺长、23英尺宽的浴池。摩亨佐达罗的低地城采用棋盘格的街道布局,考古发掘表明,这里房屋类型多样,从很小的公寓,到巨大的、带有许多房间和庭院的豪宅,而且公共卫生设施非常精巧。摩亨佐达罗的主要街道上已经出现了店铺,可能还存在寺庙。据估计,摩亨佐达罗城的人口大约为3.5万人。

与其他文明不同,哈拉帕文明的城市都有着共同的基本形态,即每座城市西部的高地上都有一座宏大的堡垒,它与修建在地势较低处的低地城完全分离开来。这些堡垒建在由泥砖筑造的高高的平台上,四周环绕着厚重的城墙,可能既有军事防御上的考虑,也是为了抵御洪水的袭击,而且低地城都是以横竖交叉的街道所构成的棋盘格为基础规划的。在如此广大的地域范围内,存在如此众多相似布局的城市,只能解释为当时已经存在一种成熟的城市规划,因此有学者认为这是人类历史上最早的规划城市。不过在印度河流域,我们找不到这种城市规划的雏形，因此一般认为这种城市规划应当也是从外部传入的，也许同样来源于欧亚内陆地区，只是至今未能找到具体的源头。现在可以确切知道的是，这一文明并不闭塞，与中亚、伊朗甚至两河流域都有贸易往来。由于缺乏文字材料，现在对这一文明的起源了解非常有限，但在公元前1750年左右，哈拉帕文明突然消失了。考古学家们在这个问题上分成两派，一派认为这是出于自然原因，有可能是长时间的大洪水或干旱；另一派则认为是由于来自欧亚内陆的雅利安人的入侵。更为奇特的是，哈拉帕城市文明衰落之后，这一地区似乎又回到了农村聚落的时代，在后世的传说中也没有这一文明的任何痕迹，如果不是近代的考古发掘，估计这一伟大的城市文明将永远不为世人所知。

中国早期城市

中国夏、商、周属于不同的三个部族甚至可以说是文化。夏起源于今天山西南部、河南西部，应是无疑的。商的起源还存在一些争论，不过大多数学者认为应当起源于"东夷"地区，也就是今天的黄河下游一带。周的起源比较明确，也为大家所熟知，位于今天陕西省宝鸡市的周原，不过其最初应当来源于其他地区，通常认为是更西一些的地区，关于这点现在还存在争论。虽然起源存在差异，但一般认为这三个王朝的文化具有继承关系，体现在城市建设上自然有着一些大致相似的特点。比如基本上没有永久性的砖石建筑，高等级的建筑大都修建于人工高台之上，虽然神和宗教在政治、生活中扮演着重要的角色，但在城市之中缺乏比较明确的宗教祭祀建筑，或者至少当前考古学家还难以将祭祀建筑与宫殿建筑清晰地区分开来。

由于处于城市发展的"婴儿期"，因此夏商周三朝的城市还难以说蕴涵着什么城市规划思想，基本上都是数百年零敲碎打、不断建造的结果。

夏朝的都城多年来一直存在争议,但经过长年的考古工作,现在大致可以认为二里头是夏朝的都城。虽然我们中国人自古以来就知道夏商周三代,认为中国王朝的历史起源于夏朝,但由于缺乏直接文字材料,因此长期以来外国学者并不承认夏朝的存在,认为只是一种传说而已,但二里头遗址的发现证实了夏王朝的存在。这一遗址位于河南省偃师县二里头村南,年代约为公元前1900年至公元前1500年。遗址中部发现大小夯土遗址数十座,可能是宫殿区,通常被称为宫城。宫城平面略呈纵长方形,东西宽近300米,南北长约360米～370米,面积约10.8万平方米。由地层关系和出土遗物可知,宫城城墙的始建年代为二里头文化二三期之交,一直延续使用至二里头文化四期晚段或稍晚。宫城的四周均有宽达10余米至20米左右的大路,经考古发掘,大路从二里头文化早期一直延续使用至晚期。就目前考古资料来看,至少宫殿区东侧的南北向大路在宫城城墙形成之前就已经存在,而且在早期路土上发现了车辙的痕迹。在二里头文化遗址南部分布有范围广大的铸铜遗址,西北部发现有烧陶遗址,北部和东部发现了与骨器制作有关的遗物和遗迹。遗址四周还散布着一些居住遗址和墓葬。2004年,又在宫城以南发现了另一堵始建于二里头文化四期的夯土墙,其位于宫墙北墙以南约7米,与宫墙大体平行,已确认的长度达200余米,东端与同期建筑相

山东嘉祥县东汉大禹画像石拓片
传说中夏朝的建立者是治理了长期泛滥的洪水的大禹。欧亚大陆各早期文明都有史前洪水的传说,故大禹治水并非无稽之谈。

连，破坏较为严重。

商朝的都城历经多次迁移，如自成汤灭夏都亳之后，都城曾经迁移过五次（即仲丁迁嚣，河亶甲迁相，祖乙迁耿或邢，南庚迁奄，盘庚迁殷），而在商汤建立商朝之前，都城更是迁移了八次之多，这种都城的不稳定性，似乎与古埃及有些相似。经过多年的考古发掘，现在对商朝建国后的一些重要都城，甚至一些方国的城市也有了基本清晰的了解。偃师商城，有学者认为这应当是殷商的建立者商汤所都的西亳。遗址位于河南省偃师市城区西南侧，北依邙山，南临洛河。夯土城垣分为两重，内城平面大体呈长方形，南北长约1100米，东西宽约740米，北墙和东墙有多处呈直角的拐折，南墙、西墙和东墙南端与外城城墙重合，建筑时间早于外城。外城平面略呈纵长方形，东南受到地势影响而内收，其中西垣长1710米，北垣长1240米，东垣长1640米，南垣长740米，周长5330米，现已发现城门五座，其中北门一座，东西城门各两座，相互对应。城内发现东西向大道五条，南北向大道六条，与城门方向基本一致。城内南部分布着10多处大型夯土建筑基址群，面积达30万平方米，其中三处有围墙环绕。内城南部正中的一座面积最大，约为正方形，边长200米，现在一般认为可能属于宫城性质，其兴建时间较早，而且使用的时间也较长，在其内部发现宫殿基址10余座。宫城的西南和东北各有一座面积稍小的小城，位于东北的小城

商朝豕形铜尊
商朝的青铜器的冶炼与制造技术相当成熟，各种常用的器具和礼器、酒器十分精美。豕形铜尊就是一种酒器，高40厘米，长72厘米。

建筑在内城东墙之外。两座小城内遍布排房式建筑。在外城的城址北部发现有制陶遗址和中小型房屋遗址,可能是手工业作坊区和一般居住区。东北部发现了铜渣和陶范等青铜冶铸遗物,可能附近存在铸铜作坊遗址。城墙内侧分布着一些小型墓葬。说到偃师商城就必须说到夏商交替。传说夏朝的最后一位君主夏桀文武双全,但荒淫无度、暴虐无道,因此商汤在伊尹的辅佐谋划下,起兵伐桀,最终攻灭夏朝。这一故事听起来与文献中记载的最后一位商王,也就是大家非常熟悉的商纣的故事非常相似,因此这些很可能是后来的胜利者为了凸显自己的正义性而杜撰的,毕竟失败者已经无法对此进行辩驳了。不过虽然夏朝灭亡,但由于其根基深厚,因此商汤不得不在夏王朝原来的中心区修建了这座都城,用来巩固商初的西部边防并镇压夏人的叛乱。

郑州商城通常被认为最初是为拱卫偃师商城而建,后来因为征伐东夷的需要,第十代商王仲丁将都城迁移到了郑州商城,在文献中被称为隞都。郑州商城遗址位于郑州市区及郊外,夯土城址位于整个遗址的中部,平面略呈纵长方形,东墙长约1700米,南墙长约1700米,西墙长约1870米,北墙长约1690米,总周长约6960米。四周城垣上共发现有11处缺口,其中部分可能是城门遗迹。近年来,在商城南墙和西墙南端外侧600米至1000米处,又发现有断续相连的夯土墙,残长大约为5000米,可能是外城的墙垣。在商城内的中部偏北和东北

商代占卜用的骨片

部一带，分布着密集的夯土建筑基址，可能是宫殿区，其中最大的夯土建筑基址占地面积达2000平方米，在这一区域还发现了有可能属于宫城城墙的夯土墙基。在城内的中部偏南、中部偏东南和西城墙内侧也发现了商代夯土建筑基址，有些规模较大。此外，城内还发现大面积的商代文化堆积和一些规模较小的房屋基址。内城之外分布着一些居住和手工业遗迹。如城北花园路西侧发现有铸铜和制骨遗址各一处，西墙外发现有制陶作坊遗址，城南发现有铸铜作坊遗址，时代均为商代早中期。在西墙外、城东北角附近及南部内外城垣之间的多处地点，发现有商代墓群和铜器窖藏。

安阳殷墟，也就是历史上著名的"盘庚迁殷"故事中商代第二十位王盘庚所迁的都城，此后商朝的都城稳定了下来。殷作为都城延续了将近300年，因此商朝有时也被称为殷。殷墟遗址位于河南省安阳市西北郊小屯村，遗址横跨洹河两岸，东西长约6公里，南北长约4公里。从殷墟文化的分期来看，殷墟的范围是逐步扩大的：第一期偏早阶段（时间大致相当于盘庚迁殷至武丁早期），基本局限于小屯东北，范围和遗存都非常有限；第一期偏晚阶段（大致相当于武丁早期），遗址和墓葬范围显著扩大，东西约3公里，南北约4公里；第二期偏早和偏晚阶段（大致相当于武丁晚期至祖庚、祖甲），范围略有扩大，但小屯村东北的宫殿宗庙区已经建成，同时修建了防御壕沟，侯家庄西北冈、武官村北地的王陵也已经修建；第三期和第四期（大致相当于廪辛、康丁至乙、辛时期），遗址范围进一步扩展，同时始建于第一、二期的一些遗址的范围和规模在这一时期明显扩大。宫殿宗庙遗址主要位于洹河南岸小屯村东北，已经发现建筑基址50多座，分为甲、乙、丙三组，此外在小屯村西北和东部也发现了数座夯土建筑基址。在洹河北岸小屯村西北约2公里的侯家庄西北冈高地上发现了商王陵墓，已经发掘大墓11座。在宫殿区与陵墓区之间分布着小

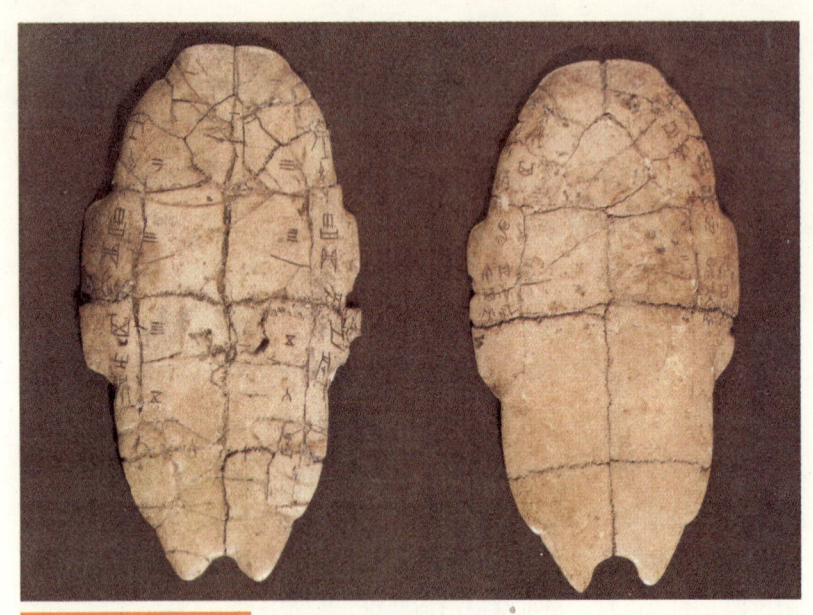

殷墟出土的占卜用龟甲

型居住基址和墓葬群，四周分布有手工作坊遗址，如在小屯村南约 1 公里处发现有一处规模较大的铸铜作坊遗址；小屯村西北约 3 公里处的北辛庄一带发现有制作骨器的作坊遗址。在某些地点，居住遗址和墓葬同处一地。殷墟是商朝最后一个王都，著名的商纣王就是在这里被周武王所消灭的，这个故事大家太过熟悉了。在这里上还出现过中国历史上的一位杰出的女性军事家——妇好。妇好是生活于公元前 12 世纪前半叶的商王武丁的妻子，据记载她曾多次率领军队抵御外来侵略、攻占周边国家，在甲骨文中提到她的次数多达 200 多次。她的墓葬中随葬品极为丰富，共出土不同质料的随葬品 1928 件，其中不乏等级极高的青铜器，由此可见妇好地位之高。

时代最近的西周，其都城或毁于河流的迁移、泛滥，如洛邑，或毁于后代的城市建设，如汉武帝修建昆明池时就破坏了镐京，我们对于其城市布局基本毫无头绪。

中国地域广大,位于黄河流域的夏商周三代的都城实际上并不能完全代表处于"婴儿期"的中国城市,当时在蒙古高原、长江流域还存在其他文化类型的城市,只是由于后世黄河流域的文明在文化上占据了统治地位,而其他地区城市的发展中断了,所以长期不能为世人所知。在这些不幸夭折的城市中,最为恢宏的当属三星堆文化城了。三星堆遗址一般认为是古蜀国的早期都城,位于四川省广汉市境内鸭子河南岸和马牧河两侧的高台地上,使用时间约从公元前2800年至公元前800年左右,相当于中原地区的夏商和周初。遗址总面积达到了12平方公里,集中分布区的面积约6平方公里。在遗址的东部发现了断续的城垣遗迹,东城墙长1100余米,西城墙残长600余米,南城墙残长约700米~1000米,北侧可能以鸭子河为天然屏障故未修建城墙。城墙一般底宽40米,顶宽20米左右,现存高度约3米~6米,其功能并不局限于军事防御,很可能还带有宗教性质。在城墙两侧发现有密集的居住遗址和玉石器作坊遗址、制陶窑址、墓葬等。在东西城垣之间的四处南北排列的台地附近,发现了数处埋藏有玉石礼器和青铜器的土坑,在三星堆外南侧还发现了埋藏有上千件青铜器、玉石器、金器、象牙等重器的器物坑。这些器物与中原文化存在极大差异,如高达数米的神树、纵目的青铜头像等。

三星堆文化为我们留下了两个谜团:一是,三星堆出土的器物无论风格,还是纹饰,都与中原地区迥异,尤其是那些青

三星堆遗址出土青铜头像

铜面具高鼻深目、颧面突出、阔嘴大耳，耳朵上还有穿孔，完全不同于中国人的形象，因此有学者认为三星堆文明有可能是外来的；二是，三星堆文化的繁荣持续了千年，但似乎突然之间就消失了，因此关于其灭亡的原因人们进行了多种推测，如水患、战乱等。不过上述两个谜题至今没有得出公认的答案。

  上述这些古代文明，有些一脉相承地传承了下去并逐渐发展，如中国；有些虽然其母体的城市文明夭折了，但其城市布局的某些特点却出现于其他地区，如印度哈拉帕文化城市的棋盘格布局成为世界城市规划中使用最为普遍的方式，而城堡与低地城的布局方式，在中世纪的欧洲和中国被普遍采用；基督教兴起后欧洲城市中的大教堂，伊斯兰教兴起后伊斯兰城市中的清真寺，甚至美洲玛雅文化城市中的金字塔，似乎都是美索不达米亚城市中高耸的塔庙的翻版。不过这种形态上的相似，是缘于文明的传承和文化的交往，还是有着各自不同的文化背景和起源，现在难以做出明确的判断。

四、儿童期——城市革命

从公元前1000年开始,欧亚大陆东西两端城市的发展速度急剧加快。希腊不仅在本土建立了多如牛毛的城邦,而且在地中海沿岸建立了众多的殖民城邦;罗马,在建立庞大帝国的同时,将城市散布到了除北欧之外的欧洲以及地中海沿岸的大部分地区。中国,虽然周天子的势力逐步衰落,但各诸侯国不断在各自境内修建城邑,导致了中国历史上第二次城市革命,在秦朝重新统一的时候,城邑已经遍布天下。秦汉帝国在不断拓疆扩土的同时,也将城市建到了新的地区。可以说,这是人类历史上城市扩散最快的时期,可谓是城市发展的"儿童期"。对于人类而言,儿童期不仅是成长最快的时期,也是性格、品质的成型时期,影响到人一生的成长。城市的"儿童期"也有着这样的特点,这一时期欧亚大陆两端的城市,在城市布局、风格上已经形成了各自鲜明的特色,而且后世各自城市形态的主要特色在这一时期已经基本成型,由此也形成了人类城市史上两种主要的城市类型。人性格的形成,主要是受到儿童期所处的周边环境的影响。作为人类文化结晶的城市,在其性格的形成时期,当然也受到了当时不同文明所产生的政治、文化、社会结构的深刻影响。受地理环境的局限,欧亚大陆上的主要文明在城市建设上依然缺乏交流和影响。

希腊城邦:各自为政,相互独立

与之前那些起源于资源丰富、地理优良、有着肥沃土壤的广大平原的大河流域古代文明不同,古希腊的地理环境非常特殊。在希腊和小亚细亚沿海地区只有连绵不断的山脉,这种地理环境限制了农业生产的发展,而且还把农村地区分割成相互独立的地理单元，因此难以形成两河流域、古中国和古埃及那样的以集权统治为特色的庞大帝国。

在这里，古代村庄主要位于易于防守的高地附近，后来一般发展成为神庙和城市的防御核心，在高地之下，村落逐步发展，最终形成了城市。不过受地理条件的制约，希腊城市的市民数量都不多，目前所知，仅有三座城市的人口超过了2万人，即雅典、西西里岛的希拉库萨和阿克拉迦，许多城邦的市民人口从未超过5000人，并且最初人口较少的城市通常后来也不会有大的发展变化。如果城市的人口超过了限度，通常就会向外殖民，形成殖民城市。希腊人的殖民范围很广，西至西西里岛、西班牙、法国和意大利南部，南至非洲北岸，东及东北达小亚细亚和黑海沿岸。由于城市人口有限，就有可能使得全体市民在一年中在同一时间、同一地点聚集起来，从而容易产生出自治和民主政治。希腊这种特殊类型的城市，在历史上被称为城邦。希腊的气候也值得注意，这里全年温度适宜，冬季充满阳光；夏天虽然来得比较早，也很热，但是除了一些封闭平原之外，空气并不干燥，每日海陆风的转换缓解了高温天气。在这种环境中，易于形成开放的风气以及乐于生活的态度，这些都有利于希腊民主的发展。尽管只有少数城邦拥有肥沃的土壤和良好的农业条件，但要满足基本的日常需要并不困难。普遍认为正是如此，希腊人才有如此多的"空闲时间"消费在公共活动中。

而这种民主政治又反映在城市规划中，典型的希腊城市平面布局的基本要素包括：卫城、封闭的城墙、广场、居民区、休闲文化场所、宗教场所、港口，或许还会有一个从事工业生产的区域。其中最为重要的就是卫城和广场。古希腊城市中，卫城最初通常是那些自古以来就建在山顶的防御核心，或是许多殖民城市的防御城堡。就大多数希腊城市而言，很多卫城逐渐发展成为城市中的宗教活动场所。由

闪电下的雅典卫城（张振老师供图）

于很多城市最初规模有限，如果存在防御坚固的卫城，就没有必要在四周建造耗资巨大的城墙。当城市受到攻击时，市民就撤退到卫城。因为几乎所有重要的建筑都集中于卫城，所以卫城之外的那些建筑是可以放弃的。只是到了后期，很多城市规模膨胀（最典型的就是雅典），由此不得不围绕城市外围修建了城墙。广场不仅仅是一个公共场所，而且是城市的核心。在城市布局和规划中，广场一般都会尽量保持其完整性。作为全体市民定期聚集的地方，其意义贯穿日常生活、商业和政治活动中。作为规划城市的焦点，广场尽可能被安排在城市中心附近，如果是港口城市则要尽量依傍港口；在未经规划的城市中，广场的位置通常位于主要道路和卫城的入口之间，雅典就是这类城市的典型。希腊城市中作为民主集会场所的具有多重目的的广场以及休闲中心，都不曾出现于之前的古代城市文明中，甚至也不存在于同期或者之后欧洲之外其他地域的城市中。这应当是由希腊特殊的政治形态和地理环境所决定的。希腊这种特殊类型的城市形态，对后来西方的城市规划造成了深刻的影响。

雅典是一座从未进行过整体规划的城市，因此很好地保持了早期希腊城市的一些特点。雅典坐落于阿提卡平原上，大约早在公元前2800年前，这里就已经有人定居。传统观念认为雅典城是公元前1581年建立的，不过这基本上是一种传说。雅典城在后来卫城所在的山丘上确立了对雅典娜的崇拜，而最初的城址也基本局限于山顶部分。公元前8世纪，随着雅典统一了阿提卡地区，城市的面积不断扩展，城里增建的许多住宅区杂乱地分布在卫城之下的斜坡周围。而卫城则逐渐发展成为具有宗教功能的地区，这一功能在古代雅典城市史中一直延续。广场区域位于卫城的西北，由一座市场和集会场所发展而来。雅典娜节日大道将广场区域与卫城连接起来。雅典的卫城是整个城市的核心，其制高点位于帕特农神庙的东北部，高出平原地区大概91米，除了西面是斜坡外，其他几面都是陡峭的岩石，形状并不规则，整体面积约为320×128平方米。公元前5世纪后半叶，在成功地击败了波斯人的入侵之后，雅典对在战争中遭受破坏的卫城进行了重建，闻名世界的四座伟大建筑就是在这个时期建成的，即无与伦比的帕特农神庙、雅典卫城的山门、美轮美奂的胜利女神庙和由三部分组成的厄瑞克修姆神庙。不过对于卫城之外的部分，重建时没有进行任何规划。

帕特农神庙，其正式名称是雅典娜·波丽亚斯神庙，建在一片宽阔宏伟的石灰石平台上，坐落在卫城南面的中央地区。厄瑞克修姆神庙修建于帕特农神庙的北面，它们中间隔着被破坏的雅典娜的庇西特拉图神庙的遗址。雅典卫城的山门耸立于早期通往卫城的门道位置，在伯罗奔尼撒战争爆发时依然没有完成。胜利女神庙位于入口右侧一个单独的平台上。卫城南侧的斜坡，正好位于通往广场的通道上，在这里有可以同时容纳1.2万名观众的著名的狄厄尼索斯剧院。

通往卫城的雅典娜节日大道呈东北走向。这一支脉的东坡坐落着最早的市民建筑，由此奠定了雅典城广场的基础。虽然雅典城遗址中所知年代最早的建筑可能建于公元前7世纪，但是广场中的大部分纪念建筑都建于公元前6世纪以后。到了公元前5世纪，古典时期雅典城广场终于建成。广场西部由圆庙（西南角上圆形的会议室）、新议事厅（建在老议事厅后面，位于斜坡之上）和自然女神庙构成。自然女神庙是后来建造的，它建成后占据了赫法伊特翁神殿前大部分的开放区域。阿波罗神庙处于赫法伊特翁神殿轴线的北侧，直到公元前4世纪，阿波罗神庙才得以重建。这一侧的最后一个建筑是宙斯柱廊。它的前面是一座修建于公元前6世纪晚期的神坛，它被作为阿提卡道路系统中心点的标志。这里不仅是雅典的中心，还是整个阿提卡地区的中心。目前

帕特农神庙中的雅典娜神像

对于广场北侧和东侧建筑的情况知之甚少，只知在它们交界处有一处正方形的列柱围廊围绕的庭院，可能是一座法庭的遗址，但它并不完整。广场南侧有一组连续的建筑，中央的柱廊修建于公元前5世纪末。广场东侧是一个造币厂，西侧可能是一座法庭。

  最初雅典的舰队以帕勒隆海湾为基地，那里倾斜的沙岸很适合古希腊人将船只拖上岸停泊的需要。当雅典成为一支重要的海上力量，舰队发展到200艘之后，需要重新选择一个舰队和船只的停泊地。公元前493年，比雷埃夫斯半岛被选中为新的海军基地。为了确保在战争中能够从雅典前往比雷埃夫斯港，伯里克利于公元前456年决定修

1881 年出土于比雷埃夫斯的大理石浮雕
浮雕上的表演者带着面具和鼓站在一位斜靠的青年男子面前。一般认为这一浮雕是欧里庇得斯的戏剧《巴查》的表演者献给狄奥尼索斯的。因此，坐着的可能是狄奥尼索斯的随从派迪亚。

建著名的长墙，将二者连接起来。长墙实际上有南北两道，分别长 4 英里和 4.5 英里，两道墙的中间部分就形成了一条安全的战时通道。大约在公元前 5 世纪中期，希腊著名的城市规划师希波丹姆斯运用棋盘格街道布局方式规划了比雷埃夫斯港，并在靠近海岸的地方和内陆分别设计了一个广场。

希腊古城米利都在公元前 10 世纪至公元前 6 世纪古希腊建立其贸易与军事霸权的过程中扮演了重要的角色，与此同时它也在地中海沿岸建立了许多殖民城市。但在公元前 494 年，米利都被波斯攻占，城市遭到掠夺和破坏。公元前 479 年，米利都开始进行重建，与雅典不同，这是一次有规划的城市重建。米利都重建的总体规划是由希波丹姆斯设计完成的，以往认为这是有史以来有记载的第一次城市规划，因此这位建筑师被冠以"城镇规划之父"的头衔。不过目前我们知道最早的规划城市至少可以追溯到印度河流域的哈拉帕文化时期。

米利都的剧场

米利都新城选址在原来卫城北部的半岛上，卫城被隔离在城外，重要性逐渐降低。广场位于规划城市的中心，平面呈矩形。广场以西，也就是在城市南北轴线中部的西侧，是城市的娱乐区，这里建有剧场、体育馆、露天体育场。罗马时代的米利都更加繁荣，人口达到8万人到10万人。公元2世纪，米利都开始衰落。

希腊古城普里恩距离米利都不远，坐落于米卡利山朝南的支脉上，建于公元前350年。城市建在四块宽平的梯形台地上，从北侧的卫城到南缘的体育场高度差达到了将近100米。城市基本是棋盘格的规划方式，由7条东西向大街和15条南北向阶梯小道构成，每块居民区的面积基本相等，平均包括4所住宅。广场位于城市中心，占据了两个完整住宅区以及通往西门的主干道两侧一些住宅区的一部分。

瑟林那斯城位于西西里岛的西部，最初是由当地部落修建的，时间大约在公元前630年。城址起源于两座相邻山丘中位于南侧的一座，此后逐渐扩展到了北面的山丘和邻近的山坡。公元前580年之后,在位于南侧的山丘上修建了卫城,其中包括几座非常重要的希腊神庙。卫城之外的居住区没有经过规划,公元前5世纪晚期,城市人口达到了3万人左右。公元前409年,瑟林那斯城被迦太基人毁坏。此后在南部山丘城址起源的位置上进行了重建,也采用了棋盘格布局,神庙则修建在城市的东南部。

罗马城市:营地修建法与棋盘格

按照传说,罗马城建于公元前753年。此后,罗马本身就是一部不断扩张的历史,通常分为三个阶段:公元前753年至公元前510年的王国时代;公元前509年至公元前27年的共和时代;公元前27年至公元330年的帝国时期,即罗马帝国。数百年的扩张和征服,造就了罗马独特的城市规划方式。为了在广大的帝国中保持和施加强大的统治力量,罗马人修建了数以千计的罗马军团的军营。这些军营都严格遵循"营地修建法"的原则,在最短的时间内建造而成,事先规划好的四边笔直的城墙之内是一成不变的棋盘格布局。尽管这些军营大多都是临时性的,但其中很多却在日后发展成为城市,而棋盘格的街道布局则成为城市形态的基础。

正因为如此,罗马境内大多数的城市聚落都遵循着相似的简单标准的规划。这些城市的外部轮廓一般都是方形或矩形,内部东西轴线"德库马努"与南北轴线"卡尔多"通常成直角相交,构成道路系统的基本结构,将城市分割成面积大致相等的四个部分。次一级的街道同样是棋盘格布局,构成了被称为"围屋"的居住街区。

罗马城市中的广场区域与古希腊的广场类似,通常坐落在东西、南北干道交叉所构成的一个角上,由一个柱廊庭院和位于一侧的议事大厅组成,附近一般还建有主神庙、剧院和公共浴室等宗教、社交、

第一章 城市的缘起与最初

罗马城的圆形斗兽场

娱乐设施。大家所熟知的罗马城市的形象代表——圆形剧场（又称斗兽场），因为空间巨大，座位需要设置在坡地上，所以通常安排在城外。最初建城时，有时会省去防御工事，因为帝国的边境地区有着非常坚固的防卫，但在罗马帝国国力衰落后，城市常常遭受攻击，因此很多城市被迫修建了防御工事。虽然罗马帝国政治体制与希腊的城邦民主存在差异，但是罗马的城市规划可以说与希腊一脉相承。

罗马城，也就是著名的七丘之城，这七座小山丘分别是帕拉蒂诺山、卡皮托利诺尼山、西莲山、艾斯奎利诺山、维米纳莱山、奎里那莱山和阿文蒂诺山。据信，七座山丘上原本都有村庄聚落，时间可以追溯到公元前735年之前。

罗马城的中心是罗马广场，这里是传统的市场和公共集会场所，坐落在帕拉蒂诺山、卡皮托利诺尼山、奎里那莱山之间的河谷中，站在卡皮托利诺尼山上的朱庇特神庙可以俯瞰这里。罗马城的中心最初位于奎里那莱山山脊末端、帕拉蒂诺山和卡皮托利诺尼山之间的峡谷平地，随着人口的增加，市中心的发展分为两个方向。起初，它向东

欧亚大陆上的城市——一部生命史

罗马广场

南方随意发展。到了 82 年,这一方向的发展因为受到规模巨大的罗马圆形大斗兽场的阻隔而被迫停止。第二个发展方向则位于卡皮托利诺尼山和奎里那莱山之间,其中的建筑物显然经过精心规划,这一发展过程的时间是公元前 50 年到公元 114 年之间。

除了公众活动的广场之外,罗马的城市建设还需要满足城市居民的娱乐需求。到了 3 世纪,每年平均的假日达到了惊人的 200 天。假期如此之多,政府除了在娱乐方面投资巨大之外,还要建设相应的建筑和准备精彩的节目来满足市民的需求。最大的娱乐场所是坐落在帕拉蒂诺山和阿文蒂诺山之间的大竞技场,它最终的面积达到了 11 万平方米,估计至少有 25.5 万个座位。最著名的娱乐中心是建成于公元 80 年、位于大罗马广场东南的罗马圆形大斗兽场,有座位 4.5 万个,站席 5000 个。罗马最主要的三个剧院可以容纳 5 万名观众,此外还有数量众多的小型剧院。

或许是为了市民们的休闲生活更加卫生,罗马城中修建了无数巨大的公共浴场,到了 3 世纪的后半叶,罗马城里共有 11 处大型公共浴场、926个公共浴室、1212个公共喷泉、247个蓄水池以及1座阿格里帕大浴场。其中卡拉卡拉浴场（官方名称是安东尼乌斯公共浴池）占地超过0.11平方公里，戴克理先浴场占地0.13平方公里。

为了满足多达百万的城市人口的用水需要，当然还有那些规模巨大的浴场的需要，罗马城按照典型的罗马人的方式修建了一项巨大的城市工程，即高架引水渠系统和蓄水池。其中，引水渠的输水管道总长最终达到了316英里。第一条渠道阿皮亚引水渠修建于公元前312年；最长的一条是玛尔奇乌斯水渠，长度超过59英里，建于公元前144年至公元前140年间。每天，高架引水渠运送的水量大约是280万立方米，这是罗马城独有的城市景观。

就城市的整体布局而言，最重要的变化当属公元前7年奥古斯都对罗马城的改造。这次改造之后，城市由14个区组成，其中5个区在老城范围内，5个区的一部分在老城范围内，另外4个区则完全在老城之外，这些分区持续到了帝国晚期。这些区又被进一步划分为街区，到73年，罗马城被分成265个街区。64年，尼禄皇帝在位期间发生了著名的罗马城大火，在这场大火中仅有4个区幸免于难，不过由此也为罗马城的重建奠定了基础。此后，城市里增加了许多壮丽豪华的大型建筑，罗马城里的市场、浴室、神庙、雕像以及其他纪念碑越来越多，达到了一种极度恢宏的程度。

与罗马帝国境内的其他城市相比，罗马城最大的特点就是没有经过整体规划，是长期自然发展的结果，因此就出现了一个具有讽刺意味的结论：罗马城不是一座典型的罗马城市。

古罗马城在中世纪曾经遭到毁灭性的破坏。由于古罗马建筑主要是由大理石修建的，这是难得的建材，因此教皇保罗三世曾授权一个专门的机构来拆解古代建筑上的大理石。虽然在此之前这种情况已经存在，但这次由于得到了权威机构的认可，因此，古罗马广场在1540

年至 1549 年间几乎被一拆而空,甚至罗马之王尤里乌斯·恺撒的神庙也未能幸免。

庞贝是公元前 6 世纪的一个希腊殖民城市,于公元前 200 年至公元前 100 年间重建,重建时,希腊城市的建筑方式逐渐被罗马的建城方式所取代。79 年的庞贝城大约呈椭圆形,长 1.28 公里,宽 0.4 公里,占地 64.3 万平方米,由双重城墙环绕。人口估计在 2.5 万人到 3 万人之间。当它还是希腊的一个殖民城市时,城市中心位于东南侧的三角形广场。以这一广场为中心,八条铺建极好的通往城门的道路构成了棋盘格的街道格局。这八条道路都有抬高的人行道,最宽的一条街道宽 9.75 米,其他主要街道宽 7.92 米,其余较小的道路则仅仅连通居民住宅,宽度在 3.66 米到 5.49 米之间不等。罗马时期修建的新广场大致坐落在城市的中心,距离港口不远,其所包含的公共空间的面积为 7546 平方米,这座建筑体现了严谨的建筑布局和统一的柱廊风格。早在两千多年前,庞贝的广场就修建了用门道来阻止车辆进入的步行区,这似乎也是许多罗马广场的特点。城内的旧广场附近建有两座剧场,分别能容纳观众 5000 人和 1500 人。城东还有一个宏伟的椭圆形竞技场,长约 41.76 米,有 2 万个席位。仅这三座建筑物就几乎可以

庞贝城的平面布局

容纳庞贝城的所有人口。两个主要的公共浴场位于距离广场北部较近的地方。

杜林姆，今天英国城市林肯的前身，最早是 48 年西班牙第九军团修建的一个要塞，平面呈规则的矩形，面积 0.166 平方公里，坐落在威特姆河岸边一座高约 61 米的石灰石山脊上，地理位置优越，易于防守。此后由于罗马人进一步向英国北部推进，林肯在 70 年被军队废弃。大约在 92 年，林肯被选择作为西班牙军团退役军人的聚落，原来的军营改建成殖民城市。到了 200 年，原来的要塞和威特姆河之间发展出了低地市镇，于是这一区域也修建了城墙，城墙内的面积为 0.393 平方公里。

提姆加德（萨穆加迪）是一座保存完好的典型的北非罗马军城，位于今天北非阿尔及利亚现代城镇巴特纳以东约 38 公里处稍微平坦的平原上。这里当年水源充沛、土地肥沃，是罗马人的粮仓。提姆加德修建于图拉真皇帝在位的 100 年，主要是为了安置戍守附近兰贝西斯要塞的第三军团的退伍军人。最初该城的平面布局呈规整的正方形，边长 347 米，城门 4 座，后来城市逐渐向西侧发展。城市的基本街道格局是严整的棋盘格，由通向各方向的 11 条道路构成，道路交叉构成边长 21 米的街区。广场的面积为 146×132.6 平方米，此外还有占据了多个围屋面积的剧院，其他公共建筑一般每座占地一个围屋。

中国——春秋、战国、秦汉

从春秋、战国直至秦汉，是中国历史上君主专制的形成时期，后世的各种政治制度都在此时形成了雏形。这一时期中国的政治结构中，君主的世俗权力迅速扩张，神权降低，逐渐纳入世俗权力的管理体系当中。因此在这一时期的中国城市中，高耸的并不是体现神权的宗庙，而是体现君主权力的宫殿以及代替君主统治各个地方的地方官吏办公的衙署。

"编户齐民"之下，普通百姓是国家的税收单位，对于他们的管理直接关系到国家的命运，因此中国自秦汉开始就施行严格的基层管理制度。在城市中，围绕居民区修建了围墙，围墙上设有门，白天开启，晚上关闭后禁止外出，并有专门的官吏管理，普通居民就生活在其中，这种居民区在当时被称为里。在这种制度下，显然不可能存在希腊、罗马那样的广场和市民集会场所。在经济上，国家在城市中设立了官方管理的市，在其中经营的商人有着单独的户籍，身份受到严格的限制，不能随意从事其他行业，他们主要为官府服务。在官方管理的市之外，城市中的其他区域也存在各种类型的商业活动。

临淄齐国故城位于山东省淄博市齐都镇，由大小两城组成。小城位于大城西南，其东北角嵌入大城的西南角，平面略呈长方形，南北长约2200米，东西宽约1400米，共发现城门五座，其中南门两座，东、西、北门各一座，城内探出三条大道。小城始建时间不早于战国，主要是宫殿区，宫殿建筑基址大都分布在城内北部，在东、西部有铁器作坊遗迹，南部有铸钱遗址。大城平面略呈长方形，北垣长约3316米，东墙沿淄河修筑因而蜿蜒曲折，长约5209米，西垣自大城西北城角至与小城相接处长约2812米，南垣自东南城角至与小城东垣相接处长2821米，现已发现城门六座，其中南北门各两座，东西门各一座。城内探出七条大道，与城门相通。大城修建时间可能在西周时期，存在时间较长，城内发现了多处西周、春秋战国以及汉代的居住遗址、手工业作坊遗址，城中部和东部文化堆积较厚。东北部、中部和偏西部发现了许多冶铁、制铜、制骨等手工业作坊遗迹。此外，城内还有几处墓地，主要分布在东北部、北部和南部。临淄城大城与小城的布局以及年代上的差异，与齐国的历史存在密切联系。齐国最早的建立者是大名鼎鼎的姜太公，因此西周和春秋时期的齐国

山东省临沂市沂水县穆陵关东侧残留的齐国长城
齐国都城临淄并无太多的天险可以防守,因此早在春秋时期就修建了长城以加强防御,这也是有资料记载的中国最早的长城。

也被称为姜齐。但是到了春秋末期,齐国的大臣田氏家族势力逐渐膨胀,在公元前391年废掉了齐康公,后于公元前386年自立为国君,并被周安王册命为齐侯。由此,姜齐也就被田氏家族建立的田齐所取代。根据研究,姜齐时代的宫城应该在大城之内,而田齐时代则修建小城作为宫城。

曲阜鲁国故城位于山东省曲阜市城区及其附近,平面呈不规则长方形,除南垣较直外,其他三面均向外凸出,东垣长2531米,南垣长3250米,西垣长2430米,北垣长3560米。共发现城门十一座,其中东、西、北三面各有三座,南面有城门两座。西周时期的文化堆积主要分布在城内西部和北部,东周时期才遍及全城。城内已经发现东西和南北向交叉道路各五条,都通向城门和重要遗迹。在城内东部、西部发现10处周代的冶铜、制骨、制陶和冶铁作坊。比较重要的居住遗址共发现11处,分布在城内东、西、北三面,一般都靠近城门和道路,有些居住遗址与手工业作坊遗址和墓葬区交错在一起。

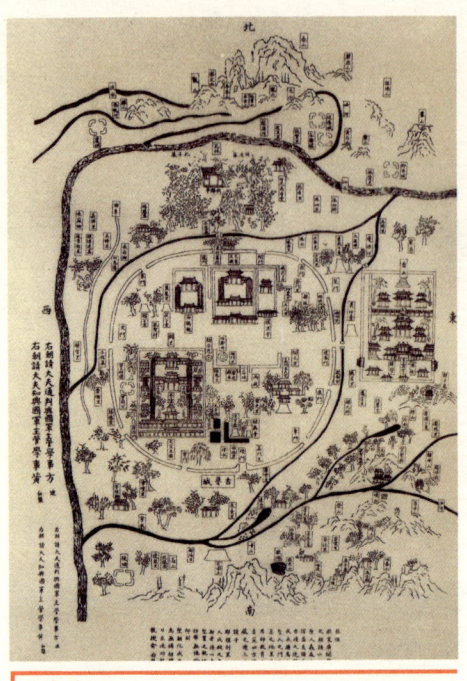

城内还发现有墓地四处，主要分布在城内西部。东周时期的大型夯土基址，大部分集中分布在城内中部和中南部，其中文化堆积最厚的地区位于鲁城中部周公庙高地的东北部一带，这里发现了战国至汉代的建筑基址，在其西北、北部和东部边缘发现了宽约2.5米的夯土墙基。此外在城南部和西南部发现了一座汉代城址。

现在对曲阜修建的时间还存有争论，主流观点认为其中最早的遗迹属于西周初年，此后一直延续使用；另一种观点则认为，城内现在发现的西周遗存属于西周晚期至春秋初期、早期和中期。对于城墙的修筑年代，虽然有学者认为存在修建于西周早期的可能，但从现有的考古资料来看，应当修筑于两周之交甚至更晚。

邯郸赵国故城位于河北省邯郸市区及其外围，全城分为宫城和郭城两部分，使用时间是在战国中晚期之后。宫城位于外郭城西南，俗称"赵王城"，与外郭城不相连，由三座呈品字形的小城构成。西城中部偏南处有一座至今发现的战国时期最大的夯土台基"龙台"，城

曲阜地图
1985年发现于湖北省阳新县，北宋政和四年（1114）之前绘制，南宋绍兴二十四年（1154）刻石，图中主要绘制了孔庙、鲁国故都遗址、颜庙、文宪王庙（周公庙）、胜果寺、颜母庙、宣圣庙等，城北部和东部的孔子墓、伯鱼墓等墓葬以及众多居民点和古城遗址。

北部还有五座夯土台，其中两座与"龙台"位于同一轴线上，此外在"龙台"的西部和西北部也发现了大面积的夯土基址。郭城俗称"大北城"，与宫城最近处相距60米，平面呈不规则长方形，西北角曲折，南北最长处约4880米，东西最宽处约3240米。在城内西北隅保存有一些台基，西北部则有俗称"丛台"的建筑遗迹，应当属于战国时期。一说到"丛台"就必须提到赵武灵王。战国初年的赵国力量并不强大，到了赵武灵王在位时期，他推行"胡服骑射"，也就是要求士兵不要穿着中原地区传统的衣袖宽大的服装，而应穿着类似于少数民族的"衣短袖窄"的服装，并且学习少数民族的骑马、射箭等技术，由此极大地提高了赵国军队的战斗力。此后，赵国的实力迅速发展，成为战国七雄之一。据说"丛台"就是赵武灵王检阅部队的所在。在城内，主要是中部偏东还发现有一些手工作坊遗迹。墓地主要分布在城外西北部。在郭城的西北角发现一座小城，平面略呈梯形，修建于战国时期。

秦都咸阳遗址位于陕西省咸阳市以东，分布在渭河两岸，是战国中晚期秦国和秦朝的都城。因受到渭河北移的影响，遗址破坏比较严重，整体布局迄今依然不是很清楚，至今未发现外围的夯土城垣。宫殿区可能位于城址北部的咸阳原，已经发现了由20多座夯土建筑基址组成的宫殿基址群，在居中的位置发现了东西向的长方形夯土墙基，其北垣长843米，南垣长902米，西垣长576米，东垣保存较差，发现南门和西门各一，修筑时间为战国时期，内部的建筑基址也多属于战国时期，可能是战国时期咸阳宫的宫城。在城北阶地东西两端都发现了具有楚国和燕国风格的瓦当，可能是战国末期扩建的部分。在宫城的西侧和西南分别发现了大型手工业作坊区和居住区的遗迹。在西北隅的咸阳原上分布着中小型墓地。从文献记载和考古发现来看，大约在战国中晚期，秦都咸阳开始向渭河以南扩展，直至秦末都一直处于不断的扩展建设中，如位于渭南的阿房宫。秦都咸阳规模极其宏

兵马俑

秦始皇陵至今未曾进行考古发掘，目前的考古工作基本都集中于陵墓的外围，即便这样，秦始皇陵兵马俑的出土也已经举世震惊了。

大，很可能没有修建城墙，这也许与秦始皇的个性密不可分。作为中国历史上第一位真正统一全国的君主，秦始皇确实有着不同于之前那些统治者的眼界和雄心，统一文字、度量衡，北击匈奴，南攻南越，修筑长城，等等，而秦都咸阳作为秦始皇的都城修建得极其宏伟也是必然的事情。因此很可能在秦始皇心目中，以秦朝的强盛，统治必然传之万世，因此与战国那些都城不同，作为强盛秦国都城的咸阳根本没有必要修建城墙。

西汉都城长安城位于渭水南岸龙首原，今陕西省西安市西北郊汉城乡。汉长安城的修建过程大致如下：

高祖五年（前202），在秦兴乐宫基础上建长乐宫。

高祖六年（前201），兴建了大市。

高祖八年（前199），在长乐宫西侧稍南兴建了未央宫，并立东阙、北阙、前殿、武库、太仓。

高祖九年（前198），未央宫建成。

高祖时还修建了北宫。

汉惠帝三年（前192）至五年（前190），修建了汉长安城的外郭城。

惠帝六年（前189），修建了西市。汉初还修建了太上皇庙和高庙。

汉武帝时期，扩建了汉高祖时修筑的北宫，在其西侧新建了桂宫，新建了明光宫，并在长安城西墙外营筑了规模巨大的建章宫，扩充苑林，开凿了昆明池以及城市供水渠道。

汉长安城出土的延年益寿瓦当

西汉末年王莽篡位前后，修建了明堂、辟雍和黄帝九庙等。王莽在历史上是一位饱受争议的人物。西汉末年社会动荡，出身于世家大族的王莽在篡位之前其个人品德得到广泛赞誉，甚至被很多人认为是"德比周公"，于是他借此逐步提高自己的政治地位，最终几乎毫无阻力地取代了西汉王朝，建立了"新"朝。由于西周初年也就是周公时代，在当时被普遍认为是一个"黄金时代"，因此王莽篡位之后希望通过仿照周初的礼仪、政治制度，来解决当时的社会矛盾。对长安城的改建就是这些措施之一。不过，他的这些改革措施不仅没有带来社会的安定，反而激化了社会矛盾，最终在农民起义的浪潮中，他与他建立的短命的"新"朝很快就覆灭了。

经过多年的考古工作，汉长安城的布局情况已大致探明。城墙周长约25700米，东墙长6000米，南墙长7600米，西墙长4900米，北墙长7200米。每边城墙各开三座城门，共计十二座城门。城内有八条分别通向八座城门的大街，把全城分为大小不等的区域。宫殿区主要位于城内地势较高的中部和南部，几乎占了全城面积的一半。长乐宫在城内东南部，未央宫在城内西南部。北宫、桂宫和明光宫位于未央宫和长乐宫之北。所有宫殿均有围墙环绕。武库位于长乐、未央二宫之间。市场位于城内西北部。此外，在长乐宫西南发现一处建筑遗迹，东西长 69 米，南北宽 34 米，一般认为是祭祀汉高祖刘邦的高庙所在。

东汉洛阳城，号称"九六城"，其遗址位于今天河南省洛阳市以东 15 公里处，平面为长方形，东、西、北三面城垣保存较好，南墙已被洛河冲毁，现存的三面城墙均为夯筑，并有曲折。西城墙长约 3700 米，北城墙长约 2700 米，东城墙长约 4200 米，南城墙估计长约 2460 米。东、西、北三面城墙共发现城门遗址八座，城内主要大街都通向城门，形成南北向大街和东西向大街各五条。根据考古资料，东汉洛阳城始建于西周时期，东周时期向北拓展，秦代又在东周城的基础上向南拓展。洛阳城内占主要面积的仍然是宫殿，南宫位于全城中部稍南，北宫居城市北部，各建有围墙，两者之间相距一里，有复道相连。有学者认为南宫的前身可能是成周时代的王宫，周秦时代就存在南、北两宫。除南、北两宫之外，东汉时期在北宫东北还建有永安宫。城西北部建有宫苑濯龙园。司徒府、司空府和太尉府位于南宫前面的横街东侧，太仓和武库设在城的东北隅。东汉洛阳城设有三市，其中金市在城内东侧，马市可能靠近中东门外的东郊大道，羊市在南郊。

东汉光武帝中元元年（56）于开阳门、平城门外城南郊建明堂、灵台、辟雍等礼制建筑，后

汉代的跪坐拱手俑
这一陶俑朱唇黑眉，面容清秀，是汉朝宫廷中宫女的真实写照。

在辟雍以北修建太学。

《周礼·考工记》

与西方城市史不同，中国古代的城市建设不仅缺乏详细的文字记载，也缺少相关的理论。现在唯一可以认为与城市规划有关的著作就是《周礼·考工记》，关于它的成书年代现在还有争论，不过一般认为应当成书于战国之后。其中关于城市规划的内容实际上非常简短，即"匠人营国，方九里，旁三门。国中九经九纬，经涂九轨。左祖右社，面朝后市。市朝一夫"，主要是关于王城或者都城规划的，其核心内容主要有以下三点：规定了都城的规模和门的数量，即边长9里，每边开设城门3座；城内的主要道路纵横各有9条，每条有9条车道；宫殿位于城市中心，前面是朝廷，后面是市场，左侧是祖庙，右侧是祭祀"社"的祭坛之处，其中朝廷和市场各占地"一夫"（大约2.56万平方米）。

历代学者，根据这段文字绘制了王城图，现存最早的是宋代《三礼图》中的《周王城图》。不过，在春秋、战国以及秦汉时期的都城布局中，我们看不到《周礼·考工记》的影响。无论是春秋战国各诸侯国的国都，还是秦汉的都城，或是数百年零敲碎打的结果，或是在前代城市基础上的改建，城市布局基本没有太多规律可循。反而是在中国历史的后期，随着儒家思想占据了统治地位，作为儒家经典之一的《周礼》地位的提升，这一规划才具有了一定影响力。

这一时期，中国城市的布局也发生了一个重要变化，自中国城市产生开始，很多城市的内部都存在专门的墓葬区，这可能与当时人的"事死如事生"的观念有关。到了秦汉时期，墓葬才逐渐被隔离在城外。

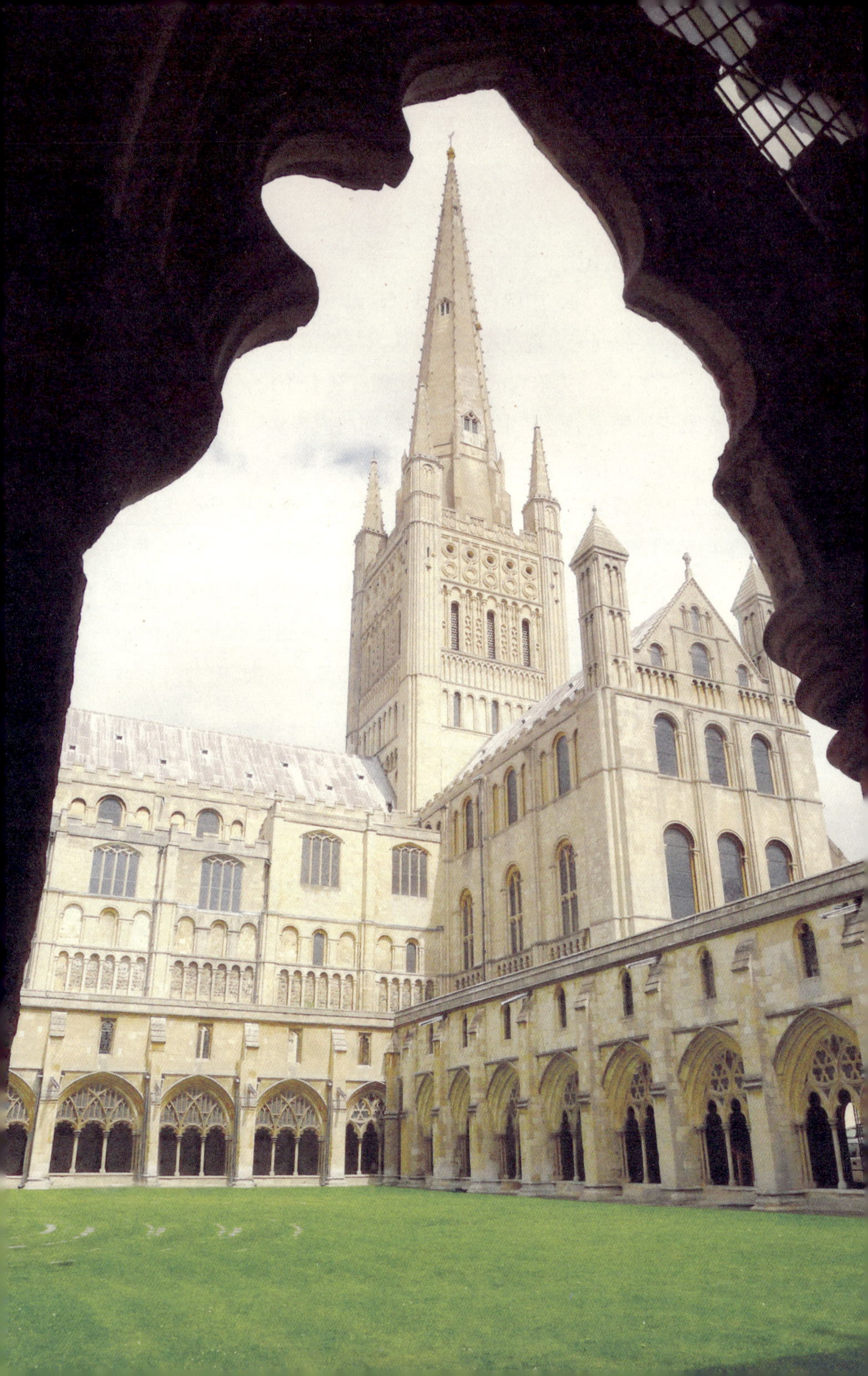

第二章

城市的曲折发展

在3世纪左右，中西方原本欣欣向荣的城市文明突然被来自亚洲内陆的游牧民族所摧毁，不过在具体程度上东西方存在明显的差异。西方的城市文明在某些地方几乎彻底消失，整体上直至10世纪才开始逐渐复苏；而中国的城市文明在很多地方依然保留了下来，在6世纪就再次开始复苏。此后，中西方的城市繁荣发展，西方的文艺复兴时期，城市在恢复古希腊、罗马城市规划理念的基础上逐渐产生了新的格局；而中国随着中西文化的交流，城市中则出现了很多域外的元素。进入近代之后，工业文明促使中西方城市迅速转型，但城市的发展也出现了隐忧，目前中西方的城市似乎都处于"中年危机"阶段，由此引发了我们对于城市的很多反思。

一 叛逆期——混乱与发展

大约在3世纪左右，欧亚内陆草原民族的大规模入侵中断了欧亚大陆上原本欣欣向荣、稳定发展的城市文明，这一中断期持续了很长的时间，在中国大约是从3世纪一直延续到6世纪，在欧洲则一直延续到了12世纪甚至更晚一些。通常这一时期在欧洲历史上被称为"中世纪"或者"黑暗时代"，在中国则被称为"五胡乱华"时期。

对于这次欧亚内陆民族大规模南下的原因，现在通常归结于全球气候在这一时期变冷，导致游牧民族在其原本活动的地域难以生存，由此大规模南下进入农业定居区。当然，也与这一时期欧亚大陆东西两端两大帝国自身的衰落有关。关于罗马帝国的衰落，有着各种说法，比如生活的奢靡、疾病，以及生产技术的停滞不前等，消耗了帝国原本蓬勃的活力。而汉帝国自东汉以来，在外戚和宦官轮流掌权之下，已经丧失了最初积极进取的精神，东汉末年黄巾起义、诸侯混战则将汉帝国最后一点元气消磨殆尽。虽然西晋最终完成了统一，但不久之后又因争夺帝位爆发了大规模的"八王之乱"。在如此纷扰的局面之下，自东汉以来逐步迁居北方内地的少数民族的崛起就是顺理成章的事情。

长时期的动荡局面，对欧亚大陆东西方的城市造成了彻底性的影响。5世纪，罗马帝国彻底崩溃之后，欧洲的城市生活随之衰落，在英国甚至完全消失。欧洲城市的再次兴起要晚至10世纪和11世纪，那时，政治局面的稳定和贸易的逐渐复苏，使原来许多罗马城市的所在地赢得了复兴的机会，此前修建的军事要塞有些转化为商业城镇，少量村庄小镇开始了向城市发展的缓慢过程。虽然在整个

陕西省榆林市巴拉素镇白城台村的代来城遗址，即白城台遗址
代来城为西夏的缔造者赫连勃勃的父亲刘卫辰所建，是一座军事城市，这种城市在十六国时期非常常见。现在已经湮没在沙漠之中。

时期中，新城市一直在不断出现，但整体而言城市新建的速度十分缓慢，直至13世纪才开始了大规模的城市建造。

中国在汉帝国崩溃之后，城市生活也受到了极大的影响，不过并没有完全中断。在废弃大量原有城市的同时，各地兴建了以家族为核心的各种带有城墙的聚落，当时一般称为"坞壁"，其中一些后来逐渐发展成为城市。城市兴衰演变，以至于唐代中期（大约7世纪）的1500多座县城中，只有大约500座袭自汉代。城市整体的空间格局也发生了巨大的转变。原本城市数量较少的长江下游、四川盆地和广西等地，城市数量急剧增加。与西方相比，中国城市的复兴从6世纪就已经开始，到了唐代中期随着国力的强盛，城市再次在欧亚大陆东部繁荣发展。由于影响力的扩大，这一时期中国都城的建筑方式成为周边国家和民族（如日本）的模仿对象。

在造成破坏的同时，这些来自欧亚内陆的少数民族，也为城市注入了新的内容，有些是直接的，有些是间接的，有些则是从外部带入的。在这一阶段之后，东西方城市的主要特征基本成型。

人的成长过程中，在青少年阶段存在着一种心理过渡期，其独立意识和自我意识日益增强，迫切希望摆脱成人的监护，而以成人自居。为了表现自己的非凡，对任何事物都倾向持批判的态度，在这一阶段之后，人的性格基本定型，这就是通常所说的叛逆期。虽然，城市史上的这一阶段在本质上与青少年的叛逆期并不相同，但如果从发展历程中的过渡期以及对后来性格的影响来看，两者又存在一定的相似之处，因此我们也将城市发展的这一阶段称为"叛逆期"。

欧洲种植城市

这一时期，动荡的欧洲大陆上，最先兴起的是那些修建在交通要道或者具有战略价值位置上的城堡。这些城堡种类繁多，如分布于不同地区、有着各种各样名称（burg、borough、burk、bourg、burgo）的设防城镇，在法国、英格兰和威尔士广泛存在的防御城镇以及在欧洲各地通过规划兴建的"种植城市"。不过这些城市或者城镇的共同特点就是最初都修建有坚固的城墙，带有浓厚的军事性质。此后，随着经济的复苏，城市逐渐产生了商业功能，在城外形成了商业郊区，而原来的城堡则逐渐演变成为城市的行政核心。

罗马帝国时期，起源于中东地区的基督教经过不懈的努力，影响力逐渐扩大，最终在329年，狄奥多西一世宣布基督教为罗马帝国的国教。蛮族入侵罗马之后，也很快接受了基督教。与中国不同，基督教会的权力逐渐发展，最终超越于世俗的王权之上。王权有更替，而教会则千古不变。可以说，教会控制了人们生活的方方面面。在这种背景下，疯狂修建教堂成为不可避免的事情，人们甚至可以

捷克布拉格的天际线，其中高耸着的都是教堂的塔尖

花费数百年的时间来修建一座教堂。在西方的城市中，除了城堡或者市政厅之外，占据城市中心的往往是一座甚至多座高耸入云的教堂。这种注入的新元素，甚至影响到今天的欧洲城市。而且在当时动荡的环境下，结构坚固的教堂如同一座防御森严的堡垒，再加上教会无与伦比的影响力，某些地方的教堂成为周围地区的避难所，并环绕教堂形成了一定规模的聚居区。在这一基础上，教堂本身及其周边人群对于物质的需求，又带来了各种商业活动和流动的人群，最终逐渐扩展成为城市。

总体来看，这一时期欧洲发展出了与罗马帝国时期不同的城市形态，在新形成的城市中，或以教堂，或以城堡为核心，甚至有些城市形成了城堡与教堂的双核心。

英国——剑桥

剑桥，位于跨越剑河的东西要道上，最初是当地比利其部落进行商业贸易的地点，比利其人控制着横跨剑河的桥梁。大约在70年左右，罗马人占领了这里，将最初的村庄改建成一座设防的军事城镇。

这一城镇一直存在到5世纪,后被废弃。875年,丹麦人重建城堡,将原来的桥梁命名为格兰塔桥,现在剑桥的城市形态就是在这一基础上发展而成的。10世纪,在河的右岸,高街与剑河之间桥梁的上游修建了港口,商业由此再次发展繁荣起来。1068年,征服者威廉在剑河左岸的旧城镇中拆除了大约30座房屋,修建了一座城堡。1279年的档案记载,剑河左岸有3个教区,右岸有14个教区,剑桥成为这一地区的首府城市,人口超过2500人,成为英格兰最重要的城市中心之一。到14世纪,河道的淤积造成原有入海航道淤塞,剑桥商业逐渐衰退。幸运的是,随着大学的兴起,剑桥转型发展成为世界知名的大学城。

英国——诺维奇

诺维奇是现在英国诺福克郡的城市、自治市镇。11世纪,征服者威廉率领诺曼人征服英格兰的时候,诺维奇已经是英格兰仅次于伦敦的第二大城市,教堂达到25座,人口有5000人至1万人。1067年,威廉下令在诺维奇中心的一座小丘上修建城堡,作为全城的防御核心。诺维奇大教堂修建于1145年,拥有英格兰教堂中唯一的双层回廊,而1465年建成的尖塔,高达96米。此后,诺维奇的地位逐渐下降,但正是因为如此,至今依然保持着当年的风貌。

诺维奇大教堂及其回廊

法国——埃格莫特

1240年,法王路易九世在

地中海沿岸开始为十字军东征兴建新的军事基地和港口，埃格莫特的新城镇和港口由此诞生。1248年，这里已经成为路易九世率领的第七次十字军东征的集结地。1272年，菲利普·勒哈尔迪从热那亚请来西蒙·波卡奈格拉为埃格莫特修建围绕城镇的规模巨大的防卫城墙。这一城墙大约10.7米高，附属有12座高塔。城墙大约长594米、宽274米，内部的街道布局大致为稍有变形的棋盘格。主要的城镇广场位于主干道偏西1/3处，四周是城市主要的公共建筑。城镇西北角的康斯坦斯城堡主塔承担着要塞的功能，同时在顶上还修建有一座灯塔。14世纪末，由于连接港口与地中海的运河被泥沙淤塞，埃格莫特逐渐与作为其生命线的大海失去了以往的密切联系，最终衰落。这是一个典型的"种植城市"的兴衰史。

荷兰——哈勒姆

哈勒姆位于荷兰斯帕尔讷河弯曲处的一个高地上，11世纪到13世纪间，荷兰伯爵居住在高地上的城堡中。服务于这座城堡的城镇沿着城堡建立，同时开挖了一道壕沟（也就是巴肯运河）横穿河流弯曲处，保护着这座城市。1245年，城市从伯爵威廉二世那里获得特许状后（特许状与中世纪的商业发展始终如影随形，市场的建立要有特许状的认可，市集的创办需要特许状授权，城市地位的确立更离不开特许状的规定），商业逐渐发展，面积也日益扩大。拓展的城市位于巴肯运河以西，中心是一座新的位于山脊的市场广场。1250年，新城墙、壕沟和旧运河所包容的面积为0.9平方公里。1335年和1360年，在斯帕尔讷河以东修建了两个新的街区。15世纪初，在旧运河以西和以南扩展出了新的区域，总面积接近3.65平方公里。

捷克斯洛伐克——布拉格

布拉格位于波希米亚高原的中心地带，伏尔塔瓦河流经城市。

布拉格的赫拉德卡尼城堡

大约在9世纪，在河流的西岸急转弯处的悬崖上修建了赫拉德卡尼城堡，用于控制河流上的渡口，这就是布拉格的起源之地。在13世纪后半期城镇的扩展过程中，在赫拉德卡尼城堡南侧增建了马拉·斯特拉那平民城镇。14世纪，神圣罗马帝国皇帝查理四世在此建都，现存的著名的查理大桥正修建于这一时期。位于右岸的史塔雷梅斯托镇沿着通往城堡的道路发展，在桥梁建成之后，此处成为大篷车队的停靠站，规模和重要性都与日俱增。史塔雷梅斯托镇于1235年开始建造城墙和城壕，其走向就是今天布拉格的内环路，当年的一些城门和塔楼至今依然分布在城市各处。在环形道路之中，史塔雷梅斯托以旧城镇广场，也就是今天的胡斯广场为核心形成了一个典型的未经规划的中世纪城市雏形，弯曲的皇家街从东向西穿过，通过桥梁到达赫拉德卡尼城堡。这一形态确立后，延续至今。

波兰——克拉科夫

克拉科夫位于维斯瓦河上游两岸，始建于700年前后，1320年至1609年成为波兰的首都。城市最初的核心是修建于八九世纪的位于维

月色下的克拉科夫广场

斯瓦河畔的瓦韦尔城堡，城堡最初具有军事防御性质，但后来一直作为贵族的府邸。克拉科夫成为首都之后，这里改建成皇宫，城堡内有各式各样不同风格的教堂，罗马式、哥特式、文艺复兴式、巴洛克式和洛可可式等。受到南边维斯瓦河的影响，城堡之下的城镇主要在城堡北侧发展，其核心是中央集市广场，这是欧洲中世纪面积最大的广场，广场的建筑一直不断发展，周边有圣母圣殿、圣沃伊切赫教堂、圣巴巴拉教堂以及联排住宅和贵族府邸，文艺复兴风格的纺织会馆和市政厅钟楼则位于广场的中心。城镇中的街道基本以这一广场为核心向外拓展，城镇中教堂林立。15世纪在克拉科夫周围修建了长达三公里的城墙，城门八座。克拉科夫是存世至今的中世纪欧洲名城。

阿拉伯世界

在东西方两大帝国衰落的同时，7世纪伊斯兰教在中东地区兴起。在随后的大约一百年中，阿拉伯世界迅速扩展，打造了一个东至印度旁遮普省，西达西班牙北部的大帝国。其后，只有君士坦丁堡少有的坚固的防御工事才在 1453 年以前将伊斯兰教一直阻挡在东南欧之外。

在这一时期，伊斯兰文化极大地影响了中东地区的城市建设，但对欧亚大陆其他地区的城市影响并不大。不过有一个特例就是西班牙的南部地区。在 5 世纪罗马帝国衰落之后，西欧被野蛮部落占领，其中西哥特人最终统治了西班牙。到了 8 世纪，阿拉伯人和柏柏人的军队开始从北非入侵。711 年，在瓜达莱特河会战中，缺乏组织的西哥特军队一败涂地，此后，阿拉伯世界在西班牙南部和中部开始了迅速的征服过程，大约在 8 世纪初期占领了整个西班牙的南部地区。在占领期间，一些城市原有的罗马时期的棋盘格街道布局逐渐被伊斯兰的城市形态所取代。虽然在开始于 11 世纪的"收复失地运动"中这些城市逐渐被新兴的基督教国家（这些国家后来合并形成了西班牙）所夺回，但伊斯兰教为这些城市打下的烙印至今依然存在。

伊斯兰城市存在两种特点鲜明的城市形态。第一种是非常常见且普遍公认的形态，城市中主要是紧密相连、拥挤、根据气候特点设计的两层的庭院住宅，只能经过狭窄而弯曲的小巷到达这些住宅，这些小巷通往连接城门和城市中心重要清真寺的较宽的大道。大道大多数有遮阳的顶棚，两侧的露天市场中有一些规模不大的

喀什老城中弯曲、狭窄的小巷是伊斯兰城市的典型代表

私人商店。第二种形态相较于第一种来说不太常见,即三层四层甚至五层的相对较高的住宅面向城市街道,通过遮蔽的窗户来获取光线和通风,如先知的故乡麦加。这两种城市形态均与城市所处的自然环境和伊斯兰教的教义有关。当然无论是哪一种城市形态,城市的中心无疑都是重要的宗教建筑——清真寺。

西班牙——科尔多瓦

罗马时期,科尔多瓦凭借优越的地理位置被提升为贝提卡行省的首府。西哥特人也认识到这一位置的重要性,从而将科尔多瓦作为他们基督教王国的宗教中心。摩尔人(摩尔人是中世纪伊比利亚半岛、马格里布和西非的穆斯林居民,主要由埃塞俄比亚人、西非黑人、阿拉伯人和柏柏人组成,也有伊比利亚半岛出身的土著穆斯林。历史上摩尔人主要指在伊比利亚半岛的伊斯兰征服者)在征服的第一年,就占领了科尔多瓦,最初作为地区中心,后来作为伊斯兰西班牙的首府。科尔多瓦在 10 世纪倭马亚王朝时期达到了顶峰,其繁荣程度可以媲美巴格达和君士坦丁堡。从那时起,罗马时期的棋盘格被伊斯兰的城市形态所彻底取代。1236 年,北方基督教国家卡斯提尔的费迪南德二世重新占领了这座城市,但伊斯兰文化印迹至今仍大量存在。

科尔多瓦位于瓜达尔基维亚河右岸,周围环绕着大面积的郊区。老城周围的城墙长约四公里,一条主街由北侧穿过老城,

《格兰纳达的屈服》(张振老师供图)
作者 Francisco Pradilla Ortiz(1848—1921),西班牙半岛上穆斯林与基督徒之间的争斗一直持续到了 15 世纪,最终在 1491 年双方签订了《格兰纳达条约》,穆斯林投降,而基督徒则承诺执行宗教宽容政策。

直抵位于坎特拉门的罗马时期的桥梁,这是七座城门中最重要的一座。老城内的两座主要建筑是大清真寺和位于桥梁下游的城堡。

沙特阿拉伯——麦加

在伊斯兰教诞生之前,麦加就是一座繁荣的商业城市,而城市中的圣地——天房克尔白的朝圣者也为城市提供了重要的收入来源。这一圣地现在已构成了大清真寺院落的中心区域。麦加城市中修建有很多三层楼高的住宅,窗户具有很强的艺术色彩,打开后可以看到街道的全景,但其他伊斯兰城市中出于对于隐私保护的考虑,住宅只有很少的窗户面向外边。此外,与大多数伊斯兰城市中狭窄的有助于增加凉爽的街道不同,麦加的街道非常宽阔,如此才能满足聚集到此的数量众多的旅行者和朝圣者。

叙利亚——大马士革

大马士革是一个极其古老的城市,位于巴拉达河边的一个富庶的农业河谷。公元前64年,罗马在叙利亚建立了行省,并在2世纪对城市重新进行了规划。城墙内是以棋盘格规划的街道布局,每个建筑街区的面积约为4500平方米,街区里面是两两背靠背紧邻的四排庭院住宅。

635年,阿拉伯军队占领这座城市之后,一部分住宅和棋盘格街道被废弃了。此后,伊斯兰的城市街道体系(也就是有机生长的街道和死胡同)逐渐在罗马时期棋盘格的内部

大马士革萨拉丁雕像(张振老师供图)
萨拉丁成功击败了欧洲十字军,并且从十字军手中夺回了耶路撒冷。由于其作战勇猛并且有着高尚的品德,因而获得了欧洲的普遍尊重。

发展起来,不过罗马时期棋盘格街道的主体框架依然保存了下来。

这一时期,承袭于罗马朱庇特神庙的拜占庭基督教圣约翰大教堂的礼拜堂也被改建为伊斯兰的大清真寺。705年,哈里发瓦希德购买了教堂,并且为了将这个古老的院落改造为宏伟的新的大清真寺而将教堂拆毁,清真寺在714年至715年间完工。此后,原来罗马城市中特有的带有拱廊的街道也被改造成具有伊斯兰特色的露天市场。

中国城市

中国自魏晋开始,城市建设往往在较高的位置上修建坚固的城堡,地方行政长官和军队以及一些地方势力驻扎其中,这种城中之城被称为子城。其外,尤其是那些新建的城市,以棋盘格为基础修筑了整齐的居民区——里坊。这种布局方式,让我们不由得想起古代印度哈拉帕文化中的城市布局。这一时期丝绸之路已经开通,东西方的物质文化交流增加,因此有学者认为中国这一时期的城市规划是受到了印度和中亚的影响。当然,由于缺乏直接的文献材料,因此这仅仅是一种推断。

不过对中国城市产生更为直接影响的则是随着丝绸之路而来的新的宗教。这一时期之前,中国本土的宗教并未形成一定的系统,道教也是在汉末才逐渐成形,从东汉开始,佛教逐渐传入,到了魏晋南北朝时期,西域的高僧、佛经不断进入中国,而且在教义上通过吸收中国本土的儒家和道教思想从而中国化,进而逐渐普及,影响力巨大。与此对应的是,在城市中出现了大量的佛寺建筑,"南朝四百八十寺,多少楼台烟雨中"很好地再现了南朝建康城中佛寺的鼎盛。此后,高密度存在的寺庙、恢宏壮丽的佛塔成为中国古代城市的一大特点。

中国的城市在这一时期还出现了新的居民区——坊,坊在结构上与里相似,基本上都是封闭的,通过坊门与外界相通。住户通常不能

宋代长安城图残片中坊的形态（朱色石印本）

将大门开在大街上，前往大街必须经由坊门。按照规定，坊门需要在夜间关闭，在清晨开启，因此夜间是不允许在坊外的街道上随便行走的，这就是夜禁制度。传统观点认为这是中国古代城市发生的一次重要变化，原因是少数民族需要加强对人口的管理和控制，但实际上这种封闭的结构在秦汉时期就已经存在，而夜禁制度则从秦汉一直延续到了清代。不过从里制到坊制的演变，则是特殊历史时期的产物。大致而言，在魏晋时期，"坊"字本身有着"有墙院落"，甚至"方正的有墙院落的"含义，因此在鲜卑族规划建造规整街道的北魏平城、洛阳时，被用来指称规模宏大的新建城市中方正的带有墙体的居住区块，坊此后逐渐取代里成为城市中的空间单位，而里则演变成为基层组织的管理单位，两者很多情况下在管理空间上是相同的。

曹魏邺城

曹魏邺城遗址位于河北省临漳县境内，东北距县城20公里，南距安阳市18公里。由于漳河南移，冲毁了邺城的南半部，地面上只残留有金虎台和铜雀台的一部分基址以及八座高大的台基。

考古探明邺城全城轮廓呈长方形，西墙南段向外折曲，东西长约2400米，南北长约1700米，城门共七座，其中南墙三门，北墙两门，东西各一门，门址已基本探明，与文献记载符合。建春门和金明门之间东西大道以北中央部分的宫殿区已探明有10多座大型建筑基址；在东西大道以南也探明了几座建筑基址。建春门和金明门之间的大道长 2100 米；中阳门大道长 730 米；凤阳门大道长 800 米，与东西大道相交；广阳门大道只探出南北长 150 米的一段。金明门至建春门大道以北，发现南北向道路两条，东面一条已经探出长 450 米的一段，通往广德门；西面一条仅探出 70 米的一段，不能确定是否是通往厩门的道路。

《魏都赋》记"廊三市而开廛，籍平逵而九达。班列肆以兼罗，设阛阓以襟带。济有无之常偏，距日中而毕会"，说明邺城中不仅修建有市场，而且应当非常繁荣。

根据考古发掘并结合文献记载，邺城由金明门和建春门之间的东西大道，将全城分为南北两区。北区广德门大道的东西两侧可以推定是宫殿区，被厩门、广德门两条南北向道路所夹的中央部位，应是以文昌殿为主殿的外宫殿区；其东侧是以听政殿为主殿的内朝宫殿区，听政殿以北是后宫，听政殿以南隔数道宫门布置有中央官署。宫殿区以西，被厩门内大道分隔的区域是禁苑（铜爵园）和库厩所在，已探明四座建筑基址。邺城南垣正中的中阳门大道向北正对外朝宫殿区的止车门、端门和主殿文昌殿，形成全城的南北中轴线。另外在西城墙中段稍北建有铜雀台、金虎台、冰井台。

北魏洛阳

北魏洛阳城是在东汉洛阳城基础上改建的，位于今天河南省洛阳市以东。故城东西北三面的城垣保存较好，西垣残长 4290 米，北垣全长 3700 米，东垣残长 3895 米。其中西垣上发现城门五座，北垣上城门两座，东垣上城门三座。城内共发现东西大街四条，南北大街四条。宫城位于城中北部，位置适中略偏西，呈南北长的矩形，南北长约 1398 米，东西宽约 660 米。南墙偏西处发现门址一处，西墙上发现门址两处，东墙上发现门址一处。此外在宫城中还发现一道南北向的夯土墙，将宫城分为东西两部分。在宫城内发现夯土台基大约

具有北魏风格的捏边瓦

二三十处。

　　金镛城位于洛阳城西北角，北靠邙山，南依大城，经勘查发现了三座小城。三座小城彼此相连，平面略呈"目"字形。现在也已经发现了北魏洛阳城外郭城的遗迹，其中北垣修建于邙山南坡最高处，残长 1300 米；西城垣位于金沟村西南的张方沟以东，顺着水沟的走向，略呈西北至东南方向，残长约 4400 米，发现城门两座；东城垣南端在洛河北岸后张村中断，北段在石桥村东北，残长约 1800 米，发现城门一座；尚未发现南垣的痕迹。外郭城内发现大道九条。此外根据文献记载，北魏洛阳城的小市、大市和四通市分别设在外郭城东、西、南三个区域中，其中东、西两市均距内城三里，四通市在洛水南永桥畔。

　　北魏洛阳里坊的修建并不是在孝文帝迁洛前后，而是在七年之后的宣武帝景明二年（501）。关于坊的数目，文献记载不同，或 220 坊，或 320 坊，或 323 坊，不过一般认为在外郭城中存在非常规整的里坊。

　　与之前的很多城市不同，由于受到传自西域的佛教影响，北魏洛阳城中佛寺众多，其中在位于东面的建阳里中，就建有佛寺 10 座，即璎珞寺、慈善寺、晖和寺、通觉寺、晖玄寺、宗圣寺、魏昌寺、熙平寺、崇真寺、因果寺，整个洛阳城据统计大约共有佛寺1367所，每平方公里大约有佛寺18座左右。每年四月八日佛诞节前后，都有盛大的行佛活动，各个寺院都把最精致的佛像放在装饰得金碧辉煌的车辇上在街道上巡游。当时，一位来自西域的异国僧人看到这种盛况，不禁赞叹道："这真是佛的国度！"

南朝建康

建康城由孙权于建安十六年（211）始筑，称秣陵，建都后改称建业，西晋末避愍帝司马业之名讳改称建康。建业（康）作为历史上三国东吴、东晋和南朝宋、齐、梁、陈六朝的都城，其城市形态是逐步形成的。由于建康在隋朝被彻底破坏，因此其城市形态基本上只能通过文献和少量的考古数据进行复原。

最终形成的建康城布局：全城由一条东西横街划为南北两部分。

秦淮河两岸复建的古色古香的建筑

北部置宫城、苑囿；南部有御街，置官署。宫城（台城）周长八里，平面略呈正方形，原系东吴的后苑，东晋咸和五年（330）改筑为宫，南朝各代皆沿用不改。宫城以东是东宫，以北是华林园和乐游苑。中为御街（又称苑路），北起宫城正门大司马门，与横街在宫城门前组成丁字形框架，御街穿过都城宣阳门，南抵淮水（今秦淮河）北岸朱雀门，总长7里，形成全城的中轴线。由于受到地形的限制，建康城的轴线并不是正南正北。御街两侧排列百官衙署，也不存在规整的里市布局，居民区和市场在御街和秦淮河两岸零散分布。

南阳郡——古宛城

秦汉时期的宛城，也就是南北朝时期的南阳郡，修建有内外两重城，其内城位于大城的西南隅，西、南两面城垣与大城城垣有部分重合，大致相当于今天南阳市的老城区，周长约6里，修建时间应当可以追溯到周代。西汉末年，绿林军拥戴的更始帝建都于南阳，修建了大城，其东北隅城墙遗迹尚存，残高10米，宽约15米。经由魏晋南北朝长年战乱，北魏时期南阳大城内已多残垣荒基，户口无多。这也是当时大多数地方城市的写照。

二 青年期——繁荣与膨胀

随着政治局面的稳定,当然欧亚大陆东西两端各自的时间存在着差异,中国大约是在7世纪,也就是隋唐帝国强盛时期,而欧洲则要晚至文艺复兴的初期,城市再次兴盛繁荣起来,发展迅速,不仅城市的数量急剧增加,原有城市的规模也迅速膨胀。这可以说是城市发展的"青年期"。

对于人类而言,青年期的主要特点就是生理发育和心理发展达到成熟水平,个性趋于定型,虽然之后受到社会阅历和环境的影响,在某些方面会产生一些潜移默化的改变,但一般不会发生根本性的变化。欧亚大陆上的城市也近乎相似,经历了这一阶段初期的定型发展之后,在此后多个世纪中几乎没有发生根本性的变化。这一时期,随着欧亚大陆各地区间交流的加强,中国的城市中出现了更多的域外因素,最为典型的就是各种各样的宗教建筑。

欧洲

13世纪末起源于意大利,一直延续至17世纪的文艺复兴,改变了欧洲的思想、文化,也改变了欧洲的历史进程,当然也不可避免地改变了此后城市的规划思想。文艺复兴的一个显著特点就是为了摆脱教廷对人们思想的控制和限制,试图回归、发掘希腊罗马时期辉煌的文化和艺术。在城市规划方面,文艺复兴时期人们最为推崇的就是古罗马奥古斯都时期的建筑师马可·维特鲁威·波利奥。维特鲁威在晚年撰写了关于建筑技术理论及与此相关的城市规划和公共工程技术方面的一些随笔,这些随笔被合为《建筑十书》。这本著作在1412年至1414年间,也就是文艺复

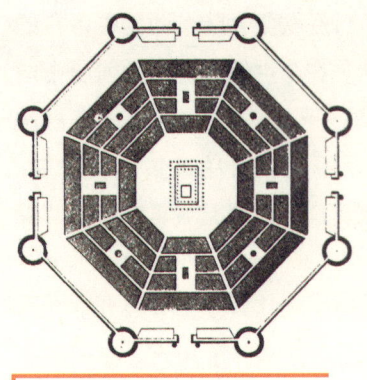

维特鲁威的理想城市平面布局图

兴的初期被人们再次"发现",从而加速了文艺复兴时期建筑、城市以及其他领域的发展。1521 年,《建筑十书》的意大利文版第一次印刷出版。《建筑十书》中真正关于城市设计的内容是第一卷的第四章到第七章。在这些章节中,维特鲁威强调城镇设计应当考虑的基本问题,即一座理想城市应当具有以下特征:城墙的形状应当为八边形;八条放射型街道由中心向外延伸到八边形城墙上的角楼;主要的广场位于城市中心,被围合在八边形空间之内;八个次一级的开放空间安排在城市各个部分的中心。但是,他的这一理想城市模型似乎仅仅停留在纸本上,因为就目前所知,虽然罗马人在整个帝国中建造了不计其数的军营和城镇,但我们找不到任何一座与这一模型相符合的城市。不过,他的这一理念却被文艺复兴时期的城市规划家运用于实际。

文艺复兴早期著名的城市规划家有出生于热那亚的莱昂·巴蒂斯塔·阿尔贝蒂。1447 年,教皇尼古拉斯五世任命阿尔贝蒂为自己的建筑顾问,复兴在这一时期已经衰败的罗马城。阿尔贝蒂为位于圣彼得大教堂和圣天使古堡之间的新博格·列昂尼诺地区所做的设计,是文艺复兴几何空间规划最早的重要案例之一。在这一设计中,阿尔贝蒂将广场作为长方形区域的两端,之间通过三条宽阔的大道相连接,整个景观通过他设想的安放在圣彼得大教堂前广场中心的巨大方尖碑来加以强调,以形成一种恢宏但规整的气势。阿尔贝蒂对早期文艺复兴发展最主要的贡献当数他的《建筑的艺术》。这部著作在他去世后于 1485 年出版,奠定了阿尔贝蒂作为"文艺复兴时期第一位城市规划理论家"的地位,受这本书的影响,欧洲开始了有意识的城市规划。

此后,著名的城市规划家还有安托尼奥·阿瓦里诺,他在他的著作《论建筑》中构想了一座理想城市的平面规划图,此书写作于1457年到1464年间,但直到19世纪才得以部分出版。这个规划的基础是一个圆周内由两个互相叠加的方形所构成的八角形。从城市中心延伸出16条放射状道路,一直通向城墙之外,其中一条是沟渠。中间的一条环状道路将所有放射状道路连接了起来,而广场则布置在环状道路与放射状道路的交点上。在这些广场中,可以布置市场、教堂等功能建筑。城市的中心区包括三个独立的广场,其中最重要的一个容纳了主教教堂和统治者的宫殿,两个较小的广场可以用作市场和商业活动。这种布置方式与文艺复兴晚期理想城市高密度的核心设计相比,更接近于罗马城市广场的规划。

还需要提到的是莱昂纳多·达芬奇,这位涉猎众多的天才也对城市规划非常有兴趣。他的理论作品中包括了详细的城镇规划方案,但是除了对几座既有城镇的防御工程所做的增建之外,他似乎没有参与过任何实质性的全面的城市规划工作。需要注意的是,如同在其他领域的成就一样,达芬奇的一些城市规划思想也是非常超前的。如1484年到1485年间,瘟疫导致米兰人口大量死亡,达芬奇将其归因于过度拥挤的城市和极其恶劣的卫生条件,对此他建议将米兰重建为一个低密度的城市,并将过剩的人口分散到10座新城镇中。在他的理想城市构思中,他提倡多层分离的车辆和人行交通系统,并为重型货物运输提供特殊交通线路。这些天才的理念在几个世纪之后才被付诸实际。

文艺复兴时期的欧洲,火炮在战争中开始普遍使用,这也对城市规划造成了巨大影响。其中最为重要的事件就是,1453年土耳其人用火炮攻克了之前坚守了700年的君士坦丁堡。当然,具有讽刺意味的

1748 年开始修建的芬兰堡
今芬兰首都赫尔辛基附近。这座城堡最初是由瑞典人修建的,主要是为了抵御俄罗斯的扩张,原名斯韦堡。

是,攻克这座城市的火炮最初是卖给防守方,也就是东罗马帝国,只是在东罗马帝国认为价格太贵拒绝购买之后,才被迫卖给了土耳其人。随着火炮威力的增大,需要不断增加城市边界与防御工事外围之间的水平距离来进行充分的防御。此外,防御工事本身也变得越来越复杂,包括复杂的相互支持的棱堡和要塞系统。由此,结构复杂、占地面积广大的防御体系构成了这一时期欧洲城市的一大特点,而城墙上突出的棱堡是这一时期城市轮廓的鲜明特色。

在所有军事防御规划师中,最为著名的就是塞巴斯蒂安·勒普雷斯特雷·德·沃邦。沃邦服务于法国国王路易十四,被认为是历史上最伟大的军事工程师。他参加过将近 150 场战斗,指挥了 53 次围城,为大约 300 座城镇修造了防御工事,并新建了超过 30 座城镇。由于能力超群,以至于当时对他有着如下评价:"他攻无不克,并且只要是由他修筑防御工事的城镇，一定是无法攻克的。"

这一时期，欧洲城市的另一特色就是功能众多的广场。与之前希腊罗马以及中世纪表达民主理念的市民广场或者作为市场的广场不同，这一时期欧洲的广场在保留原有功能的基础上产生了多种多样的新功能，其中最为典型的就是英国城市中的居住广场和法国城市中体现王权的帝王雕像广场。

英法广场

最为典型的居住型广场位于英国伦敦，主要兴建在伦敦西区。伦敦西部规模较大的地产通常是通过房屋租赁的形式来发展的。在这种形式下，大地产主保留土地的所有权，并且拥有矗立在其上的建筑。在这样的租约下，承租人所需要花费的土地租金并不多，但需要自己出资建造房屋，而且这些房子在租约到期后将变成地主的房产，当然租期一般都很长，足够承租人收回成本并取得不菲的利润，因此这是

英国伦敦摄政街住宅广场外侧的排屋

| 欧 | 亚 | 大 | 陆 | 上 | 的 | 城 | 市 | —— 一部生命史

一种双赢的经营方式，应用非常广泛。这种居住广场及其周边的街道格局都非常简单，以一成不变的棋盘格布局为基础。布卢姆斯伯里广场是伦敦众多居住广场中兴建较早的，早在1636年南安普敦勋爵就申请在布卢姆斯伯里庄园的基础上进行改建，但这一申请被驳回。经过长期交涉，一直到17世纪50年代他才得到允许为自己建造一座府邸并在府邸南侧规划一座住宅广场。广场最初由分别位于府邸两侧的两排住宅构成。大约在1800年，北侧的府邸被改建为排屋，由此广场变得更为完整。

沐浴在暮光中的维多利亚纪念碑
修建于1911年，位于英国伦敦白金汉宫之前，底部是维多利亚女王的大型汉白玉坐像和正义、真理天使的雕像。顶端是鎏金的胜利女神和两个侍从像。维多利亚女王（1819—1901）是英国在位时间最长的国王，她统治期间也是英国历史上最辉煌的时代。

与英国相比，法国的王权相对强大，因此虽然在这一时期的城市中修建了大量以居住为目的的广场，但大多数广场的中心都矗立着一座国王的骑马雕像作为视觉焦点，由此来"荣耀国王"。其中比较典型的是巴黎的胜利广场。这一圆形广场源自马雷夏尔·德拉弗亚德的提议，规划的核心是一座路易十四的塑像，这座塑像由四角上为傍晚提供照明的灯所围绕。1687年，国王路易十四在胜利广场登基。当然，这种强调广场中雕像的视觉效果的设计在其他国家也能看到，并且成为今天很多广场的基本设计方式。

意大利——威尼斯

威尼斯位于亚得里亚海西北角易守难攻的岛屿上，这里很早就有人居住。罗马帝国衰落之后，威尼斯共和国由于位于重要贸易通道之上，逐渐发展成为地中海世界中的一支重要力量。

大运河是威尼斯独一无二的主要水上高速公路，居民可以通过迷宫式的运河往来其间。建筑之间的水道最宽处为 70 米，最窄处为 36.5 米，绝大多数建筑直接在水边拔地而起。

圣马可广场是威尼斯最为著名的建筑空间，实际上是由两个相连的广场构成的，即圣马可教堂正前方的广场和与湖岸相连接的小广场。与圣马可教堂分离的钟楼位于两个广场之间相对狭窄的空间里。这座钟楼始建于 888 年，最初是木构建筑，后来在 1329 年至 1415 年间改为砖构建筑。从 827 年建造圣马可教堂的礼拜堂作为安放圣马可遗体的墓堂开始，这里逐渐成为城市的中心。始建于 8 世纪末，作为城墙外城堡的总督宫于 1309 年至 1424 年间进行了重建，这座建筑和圣马可教堂一起构成了主广场和小广场的东侧面。15 世纪早期，广场还非常小，其周边由高低起伏的住宅的砖石立面构成。它今天面貌特征的形成可以追溯到 1480 年至 1517 年北侧旧行政官邸的建造。在对南侧面以及小广场西侧的重新开发中，增加了广场空间的宽度，并将钟楼从建筑中剥离出来成为独立的垂直元素。小广场的西

圣马可广场上的青铜马（张振老师供图）
这四匹青铜马原位于君士坦丁堡，1204 年十字军和威尼斯人借口反对篡位的阿里克塞三世，血攻陷了君士坦丁堡，劫掠了大量艺术品。这四匹青铜马就是"战利品"的一部分。

侧是1536年由桑索维诺设计的图书馆,在他死后由斯卡莫齐于1584年完成。主广场的南侧是1584年由斯卡莫齐设计,龙盖那于1640年完成的新行政官邸。1810年纵贯其西端的新工厂的建成标志着主广场的最终完成。广场人行道的铺装是在1722年至1735年间完成的,构成了设计中视觉统一的要素。

意大利——新帕尔马

1593年修建的新帕尔马主要是作为威尼斯防卫系统中的设防要塞,城墙为九边形,位于城市中心的广场是规则的六边形,六条道路从中心广场六边的中心通往城墙的一角或是城墙某一边的中点,通过三条同心环路将这六条道路连接起来,此外还有12条放射形街道从三条同心环路的最内环向外延伸。市民建筑大都修建在中心广场附近。在各个住宅区的中心修建有六座次一级的广场。通常认为新帕尔马的设计者是文森诺·斯卡莫齐,他在意大利文艺复兴城市理论学家当中似乎是比较特殊的一位,因为他的设计理念最终得以实践。1615年,在去世的前一年,他在威尼斯出版了一部十卷本的综合性著作

新帕尔马的平面布局
城市周边巨大的棱堡的遗迹是文艺复兴时期城市防御系统的典型特征。

《世界建筑理念》，书中记录了他在建筑方面的经验。在这一著作中有一张理论化的防御城市的详细平面图，它与新帕尔马存在很多相同的特征，唯一的不同点就是其在防御工事边界内的街道系统是按棋盘格形式规划的。

意大利——佛罗伦萨

佛罗伦萨大约始于公元前 200 年，是罗马时期从阿雷佐向北延伸通往博洛尼亚的卡西亚大道跨越阿尔诺河处的聚落，当时的名称是佛罗伦西亚。尽管佛罗伦萨是文艺复兴的早期发祥地，但是它从根本上说还是一座中世纪的城市，城市中有着两个最重要的公共空间：市政广场（有着600 多年历史的市民中心）是中世纪的产物，文艺复兴时期仅仅对其空间布局做了一些细微调整；亚南泽塔广场则因为是文艺复兴时期城市化的作品而具有重要意义。

亚南泽塔广场的建设先后持续了近 200 年的时间，最初由伯鲁乃列斯基在 1419 年至 1424 年间设计建造了育婴堂，一是作为通往至圣玛利亚领报教堂的入口前院，二是其位于连接大教堂以及雕像和教堂

佛罗伦萨领主广场海神喷泉（张振老师供图）
领主广场是位于旧宫前的 L 形广场，除了 14 世纪的建筑旧宫及其锯齿形塔楼之外，广场上还有佣兵凉廊、乌菲兹美术馆、商人法庭和乌古其奥尼宫。

的轴线上，因此成为从大教堂延伸出的狭长景观的终结点。育婴堂建成之后，米开罗佐在1454年为教堂设计了一个单层的入口门廊，与伯鲁乃列斯基的拱廊相协调。这个门廊后来由乔万尼·卡悉尼在1601年至1604年间扩建成为广场西北侧长长的入口柱廊。广场正对着育婴堂的第三条侧边拱廊，是由建筑师老安托尼奥·达桑加罗和巴乔达·尼奥洛在1516年设计的。这些拱廊将数个独立的建筑组织为一个空间统一体。

法国——南锡

从1588年开始，南锡通过在原来中世纪核心区的基础上增加一座规则布局的新城而进行城市的扩展。这一新城区是由意大利建筑师杰罗姆·西撒尼设计建造的。新区中大多数的棋盘格街区是开放式的，其中一个街区的一半被用于建造联合广场，街区中的房屋有着统一的立面，房屋的壁架、屋檐和屋顶构成的众多平行的水平线连接着

南锡的斯安尼斯拉斯广场（张振老师供图）
这座广场将中世纪的老城和新城连接了起来，是当时城市规划的典范。

曼海姆的平面布局

广场区域，街道从街区的四个角进入到街区内部。此外，围绕旧城和新城还修建了带有文艺复兴色彩的城市防御体系。

德国——曼海姆

曼海姆位于莱茵河和内卡河的交汇处，历史悠久，但直至17世纪初还只是一座大规模的设防乡村聚落而已。17世纪，由于莱茵河河道重新成为国家间的重要边界，因此在1606年，巴列丁奈特选侯弗雷德里克四世开始在村庄的位置修筑带有坚固防御设施的堡垒和城镇。弗雷德里克四世修建的星形城堡，其面积约占城镇面积的一半，城镇内部严格遵照棋盘格布局。1622年，星形城堡在战争中被摧毁。1689年，沃邦又摧毁了重建的防御工事。1696年，签订了《里斯维克协约》后，城堡进行了重建，将城堡和城镇都囊括进一个连续的防御体系中。文艺复兴时期，为了修建巴洛克式宫殿，1720年将城堡拆毁，这座宫殿在1749年到1760年间进行了扩建。

中国

从唐代开始，一直持续到清末，中国城市的空间分布并无太大的变化。不过在这漫长的接近1300年的岁月中，中国的城市也出现了一些变化，只是这些变化的过程如此漫长，通常经历了多个王朝、数百年时间才逐渐稳定下来，由此只能让我们将其视为对政治、社会、文化、经济发展的一种反映。这些变化主要有以下几点：

首先，在唐宋元时期，中国的对外文化交流非常频繁，通过陆上丝绸之路和海上丝绸之路，不仅传来了异域的物质文化，还带来了大量的人群。这些人群在中国的城市中定居，继续崇拜他们的宗教，如

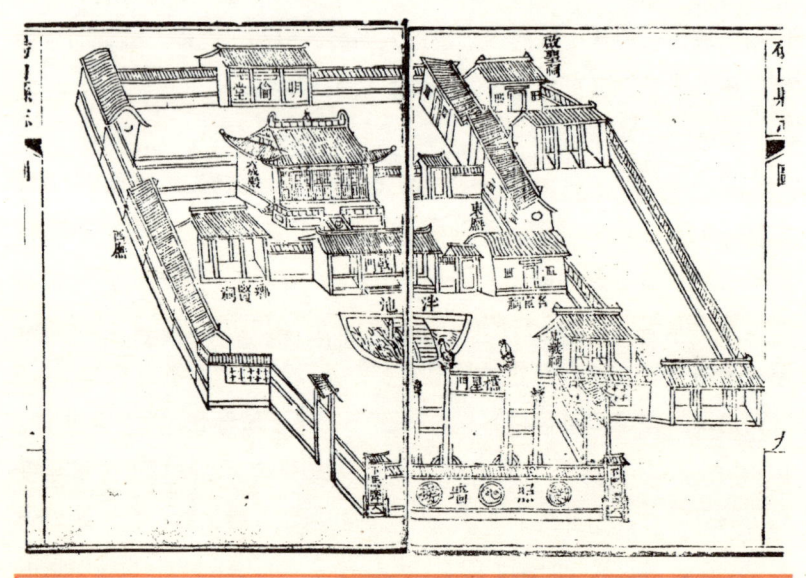

《砀山县志》中的《学宫图》
一座典型庙学应当包括文庙、地方学以及附属祭祀建筑三部分。其中文庙应当包括礼门义路坊、戟门、棂星门、泮池、大成殿、启圣祠、乡贤祠、名宦祠、节孝祠、忠义祠等；地方学应当包括儒学门、明伦堂、教谕宅、训导署等；其他部分主要包括奎星阁和文昌阁等。

基督教、拜火教、伊斯兰教，由此，城市中出现了风格迥异、形态多样的宗教建筑；在某些城市中，还形成了外国人的聚居区，这类聚居区在唐宋时期被称为蕃坊。当时的一些城市，如隋唐的长安、洛阳，元大都，可谓是国际化大都市，生活在那里，不仅会遇到肤色各异的外国人，还存在着美轮美奂的异域建筑。

其次，这一时期，尤其是宋代之后，随着中央集权的逐渐加强，地方行政制度日益分权，造成地方城市中的政府机构大量增加，同时集权政府不允许城市中存在子城这样防御坚固、以维护地方势力为主要目的的建筑，因此起源于魏晋时期的子城逐渐消失，原来主要集中于子城之中的衙署逐渐散布于城内各处。

再次，很多地方城市长期没有城墙。原因各自不同，如唐与明初主要是因为在边境上存在坚固的防御体系，宋代则是因为限制地方权

| 平遥城东南城角上的魁星阁
在北方，尤其是华北地区，很多城市都修建有魁星阁，而且因为风水上认为东南方为"文明"之地，因此魁星阁大都修建在城墙的东南角上。

力的需要，元代则为了加强对城市的控制，所以从唐代直至明代中期，集权政府都不重视，甚至限制地方城市修筑城墙。直至明代中期"土木之变"，明英宗被俘标志着原来固若金汤的边境防线开始瓦解，内地才开始了大规模的筑城，这一筑城运动一直持续到了清朝后期。

最后，从唐朝中后期开始，科举制在选官制度中占据了主导地位，由此作为儒学代表的庙学建筑逐渐在地方城市中普及，而且随着科举制影响力的增加，以及从中央到地方对孔子和儒学的推崇，城市中文庙的建筑规模增加，在人们日常生活中的影响力也不断提高，其功能在某些方面类似于西方城市中的教堂。

隋大兴城和唐长安城

隋大兴城兴建于开皇二年（582）六月，至开皇三年（583）迁都，仅仅用了9个月的时间，这座规模宏大的都城的建造之所以如此迅速，主要是因为采用了世界上在新城建设中普遍使用的棋盘格式的街道规划方式。与之前中国历史上大多数都城不同，这是一座一次规划而成的都城，虽然此后也进行了一些兴废建造，但总体布局再也没有发生大的变化。

隋唐长安城已经进行了大量的考古工作，大明宫、兴庆宫、西市、外郭城以及某些坊都进行了发掘。大兴东外城郭西广9721米，南北长8651.7米，东、西、南三面各开三门。郭城内有南北向大街11条，东西向大街14条，其中通向南面三门和连通东西六门的"六街"，是大兴城内的主要干道。除最南面通往延平门和延兴门的东西大街宽55米外，其余5条大街都宽100米以上，特别是明德门内的南北大街——朱雀大街宽达150米～155米。其他不通城门的大街宽35米～65米之间，顺城街宽20米～25米。

这11条南北大街和14条东西大街，除宫城、皇城和两市外，将郭城分为108坊。各坊面积大小不一：紧邻朱雀大街两侧的四列坊最小，南北长500米～590米，东西宽550米～700米；位于这四坊之外直至顺城街的六列坊次之，南北长度500米～590米，但东西宽1020米～1125米；皇城两侧的六列坊最大，南北长600米～838米，东西宽1020米～1125米。坊四周修筑有夯土墙。东西两市，分别位于皇城外东南和西南，各占两坊之地，周围修筑有夯土围墙。其中东市南北长1000米，东西宽924米；西市南北长1031米，东西宽927米。宫城位于郭城北部正中，前靠皇城，背后是大兴苑，南北长1492.1米，东西宽2820.3米。

宫城的北门为玄武门，听到这一名字，很多读者肯定立刻就想到了唐代初年确立了李世民地位的玄武门之变。这次政变中玄武门的重要性是与其作为进入宫城的要道分不开的。但实际上，唐代的"玄武

西安出土的隋唐时期的陶俑
从服饰和姿态来看，这一陶俑应当是典型的胡人，可以想见当时长安是一座多么国际化的都市。

门之变"还发生过三次。第二次政变发生在唐中宗神龙元年（705），当时称帝十四年的武则天病重，一些希望恢复大唐社稷的官员在张柬之、崔玄暐的率领下占领玄武门，逼迫武则天退位，拥立太子李显重即帝位，复唐国号。

第三次政变发生在唐中宗景龙元年（707）。当时中宗李显无能，皇后韦氏与武三思勾结总揽朝政，力图废黜太子李重俊。李重俊被逼无奈，联合左羽林大将军李多祚等假称奉诏，杀死武三思，随即包围了皇宫，索要韦后和安乐公主。当李重俊率军攻到玄武门前时，中宗受到韦后的要挟，对军士宣布重俊谋反，于是军士倒戈，杀死了李多祚等，政变失败，李重俊最终被追获杀害。

第四次政变发生在唐中宗景龙四年（710）。这一年六月，韦后和安乐公主等毒死中宗李显，立温王李重茂为帝。此后韦后妄图仿效武则天，谋划废黜重茂自立，为消除敌对势力，谋图杀死相王李旦。李旦之子李隆基联合太平公主等先发制人，占领玄武门，随后冲入皇宫杀死韦后和安乐公主。

皇城紧靠宫城南侧，中隔横街，无北墙，东西两墙与宫城东西墙相接。南北长 1843.6 米，东西宽与宫城同。其中南墙正中的皇城正门朱雀门，北与宫城正门正阳门相对，南经朱雀大街与外郭城南墙明德门相通。皇城内分布着中央衙署以及附属机构。

大明宫位于东北城外，南宽北窄，西墙长 2256 米，北墙长 1125 米，东墙由东北角起向南（偏东）1260 米，东折 300 米，然后再南折 1050 米与南墙相接，南墙则利用了外郭城的北墙。在北墙之北和东西墙外侧都发现了与城墙平行的夹城。宫城四壁和北面夹城均设有城门。兴庆宫依靠郭城东墙修建，东西宽 1080 米，南北宽 1250 米，南墙 20 米外还筑有复墙，宫城四面都设有城门。宫城以内用隔墙分为南北两部分，南部为园林区，北部为宫殿区，共发现建筑遗址 17 处。

| 第二章 | 城市的曲折发展 |

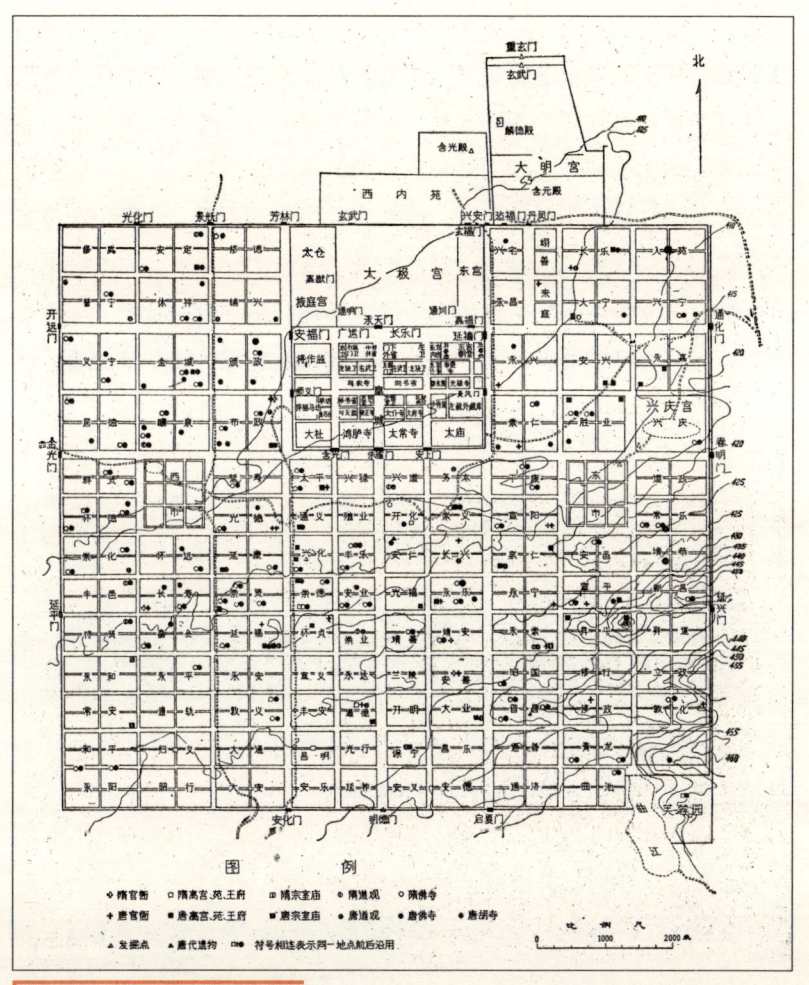

隋大兴、唐长安城布局复原图

在距离外郭城东壁 23 米处，考古发现了通往曲江池的夹城，与外郭城东壁南北平行，全长达 7970 米。此外还探明了位于郭城东南隅的曲江芙蓉园，其中曲江池位于园西部，经钻探其遗迹南北长 1400 米，东西最宽处 600 米。

隋唐时期的长安城应当是一座充满了异域风情的国际化大都城，其国际化程度甚至可能要超过今天的北京、上海。城市中不仅有来自西域、中亚甚至欧洲的不同人种，在东西市中充斥着异域风情的商品货物，里坊的街巷中也贩卖着来自异国的胡饼等食物。由于隋唐帝国对于宗教一直持有宽容的态度，故长安城中除了占据主导的佛寺道观之外，来自波斯的拜火教、中东的伊斯兰教也都修建有各自的祭祀场所，甚至还有源于欧洲基督教的分支聂斯托利派兴建的教堂。拜火教又称祆教或者琐罗亚斯德教，在北朝时期传入中国，曾受到北魏、北齐、北周、南梁等统治阶层的支持，在唐长安中建有"祆祠"四所。基督教的聂斯托利派在中国被称为景教，他们修建的"教堂"被中国人称为"罗马寺"、"大秦寺"、"十字寺"，其中"十字寺"可能得名于教堂上高耸的十字架。

隋唐洛阳

隋唐洛阳城大规模兴建于大业元年（605）三月，至大业二年正月修建完成，总共花费了10个月的时间，采用的依然是棋盘格的布局方式，与长安城相似，此后虽有所兴废改建，但主要集中在宫殿和礼仪建筑上，总体布局基本再无大的变化。

隋唐洛阳城已经进行了大量的考古工作，其布局大致如下：

宫城和皇城位于城市中地势最高的西北角。

宫城东、西墙各长1270米，北墙长约1400米，南墙正中向南突出，长约1710米。在宫城以北有曜仪、圆璧两城，曜仪城平面狭长，长2100米，宽120米；圆璧城平面呈矩形，长2100米，东端宽590米，西端宽460米。皇城围绕宫城的东、西、南三面夯筑，西墙保存较好，长约1670米。紧邻皇城之东修建有东城，东西宽约330米，南北长约1000米。东城之北还有含嘉仓城，东西宽600余米，南北长700余米。在宫城东北角和西北角外，还各有长方形城址一座，其中东侧的城址南北长275米，东西宽520米，东面依东城之西墙，北面接宫城之北墙，西、南两面分属于宫城皇城之东北墙；西侧的城址南北长275米，东西宽180米，东面为宫城西墙，南面为皇城北墙，西、北两面与皇城西墙和宫城北墙相接。两座城址之外，分别还有两座夹城。

外郭城，东墙长7312米，南墙长7290米，北墙长6138米，西墙并不平直，长约6776米。在南墙和东墙上各发现有3个门道。其中南墙正中定鼎门内的大街是洛阳的主干道，最宽处为121米。洛水从洛阳城中穿过，在洛南部分发现南北向街道12条，东西向街道6条；洛北部分由于破坏严重，仅在靠近城墙东北部发现南北向街道4条，东西向街道3条。按照文献记载，洛阳城中共有103坊和3座市场。

元大都和明清北京城

元大都城始建于元世祖至元四年（1267），至元十三年（1276）大城建成。此后，又建隆福宫和兴圣宫、太庙、社稷坛。至元二十二年（1285）开始全面营建大都。至元二十九年（1292）至三十年（1293）完成积水潭下游通惠河漕运工程之后，全城规模基本定型。

元大都是一座经过充分规划的都城，其规划方式和原则大致如下：

首先，将整个城市的中心点确定在积水潭东北岸，并修建中心台和中心阁。然后，设计修建大内，即宫城和皇城。宫城设计在太液池东岸，宫城北部辟御苑，太液池西岸建隆福宫，周围筑萧墙，即皇城。最后，规划元大都外郭城的四至，大致以积水潭的东西宽度作为全城宽度的一半，由此决定了东西两面郭城城墙的位置。根据考古勘测，元大都平面呈长方形，北城墙长6730米，东城墙长7590米，西城墙长7600米，南城墙长6680米，周长28600米。

中央官署最主要的如中书省、枢密院和御史台，最初都按星位排列,后因距离宫城较远,有些衙署位置有所变动。大城共 11 门,门内大街构成全城主干道。主干道相交形成若干长方形居住区,居住区中又有等距离东西向若干条胡同,组成整齐的棋盘格街道体系。其中大街宽 24 步(约合 37.2 米),小街宽 12 步(约合 18.6 米),胡同宽 6 步(约合 9.3 米)。在建城之初,曾对住宅的面积有所规定,每户占地为 8 亩。

明初攻占元大都后,进行了改建,拆除了元大内的宫殿,放弃了原来元大都北部空旷的地区,在元大都北面城墙以南约 5 里处,修筑了新的北侧的城墙,并开设了两座城门。明永乐夺取皇位决定迁都北京后,从永乐四年(1406)开始至永乐十八年(1420)对北京城进行了大规模的改建,在元大内故址的基础上向南偏移,兴建了新的紫禁城,为了容纳新的大内,又将皇城的南墙向南迁移,将北京城的南城墙向南拓展了 2 里。此外还在元代延春阁的故址上修建了万岁山(即

故宫的金水河

今天的景山）。将原来东城墙内的太庙和西城墙以内的社稷坛，分别迁移到紫禁城南门外的左右两侧，还在承天门前开辟了一座完整的T字形宫廷广场，并在正阳门南修建了山川坛和天坛。

明代，北京城的衙署自宣德年间开始按照南京

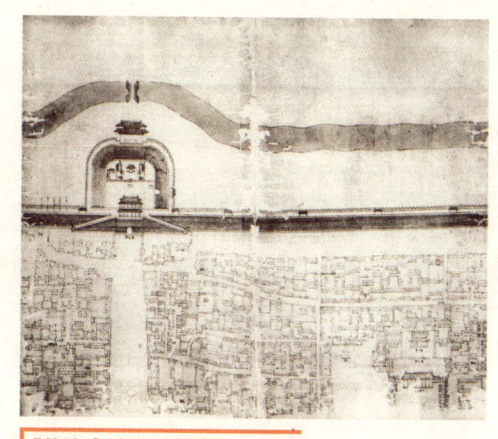

《乾隆京城全图》安定门局部

皇城布局制度进行复制，布置在承天门前T字形千步廊外两侧，如鸿胪寺、宗人府、吏部、户部、兵部、工部、钦天监、翰林院、会同南馆等，刑部则仿南京之制设置在皇城外宣武门内街西。其余的衙署主要散布在东、西城中。

嘉靖时期，东、西、北三面城外分别兴建了朝日坛、夕月坛和方泽坛（地坛）。同时，由于蒙古骑兵多次南下，为了加强北京的防卫，嘉靖四十三年（1564）计划在北京四周修建一道外垣，但因财力不济，最终只修建了环绕南郊的外城。外城的街道由于是自然形成的，因此曲折凌乱，与内城规划过的齐整的街道形成了鲜明对比。

清代基本继承了明代的北京城，只是规定汉人不许住在内城，满人在城内按照所属八旗的方位分布居住。

泉州

泉州，始建于唐代前期，具体时间大约是在700年左右，最初只是位于晋江入海口附近一座山丘之上的城堡，后来随着晋江河道的南移以及海岸线的向东延伸，城市逐渐扩展。唐末天祐二年（906）修筑了子城，五代时期修筑了罗城，南宋至元代扩建了翼城和南侧罗

城，而最初的城堡也就改称为衙城。

由于地处江海交汇之处，宋元时期，泉州发展成为我国最为重要的对外贸易港口之一，其地位甚至凌驾于广州、宁波之上。著名的旅行家马可·波罗将泉州誉为当时"世界上最大的港口之一，大批商人云集于此，货物堆积如山"，元至元二十九年（1291）他奉忽必烈之命护送科克清公主下嫁波斯，正是从泉州扬帆出海的。大约50年后（元至正二年，1342），摩洛哥旅行家伊本·白图泰奉其国王之命来华，也是从泉州港登陆的。当时，这里汇集了大量来自欧亚各地的商人，并在城南形成了外国人专门的聚居区——蕃坊。这些来自异域的人群也带来了大量的宗教，目前仅仅从德济门遗址就发掘出很多伊斯兰教、印度教、犹太教、基督教、摩尼教的石刻，泉州郊外约10公里的晋江市安海镇苏内村华表山上的草庵就是一座摩尼教遗址，不过泉州城中保存最多的当属伊斯兰教的遗迹，其中最为著名的是兴建于北宋初期的清净寺以及东郊的伊斯兰圣墓。

复建后的唐代泉州子城的北门——泉山门

泉州清净寺遗迹

但是，明代之后，泉州港突然衰落。对于衰落的原因，一般都认为是元末的战乱、明代禁止私商泛海贸易的政策以及明初管理对外贸易的市舶司从泉州迁往他处等，除了这些外因之外，更为主要的应当是海岸线的东移和晋江的淤塞使得泉州失去了作为海港的优越地理条件。

扬州

扬州起源于春秋时期吴王夫差开邗沟沟通江淮时在蜀岗上所筑的邗城，但扬州的真正兴盛则是在隋唐之后。隋唐之前，由于扬州、镇江间曾经是很宽的江面，蜀岗下面是随潮汐涨落的泥泽滩地，所以隋唐以前的古城址只能局限在蜀岗之上。从隋唐开始，长江口不断向东延伸，蜀岗以南逐渐受长江冲洪而积淤成平原，现在虽然还不能确认隋朝已在蜀岗下围墙造城，但唐代中后期肯定在蜀岗之下已经修建有规模宏大的罗城。从城市功能而言，当时的衙署主要集中于蜀岗之上的子城，蜀岗之下的罗城主要是居住区。

由于扬州位于长江与大运河交汇处，距离长江的入海口也不太远，因此很快发展成为重要的国际性的贸易大都会，经济繁荣，唐代后期普遍流传的"扬一益二"的说法，也说明扬州的经济在全国居于首位。从文献来看，不仅中亚地区如阿拉伯、波斯等地的商人云集于此，而且这里还汇集了东南亚、南亚各地，如越南、印度的使者、商人。在唐代扬州罗城内外也存在着波斯邸等蕃坊、胡店集聚的走廊等。

扬州国际都市的地位一直延续到了元代，明代之后随着中央政府对海外贸易的控制，扬州国际城市的色彩逐渐褪去，不过作为大运河漕运的枢纽，扬州的经济一直保持着繁荣。另外一个比较大的变化就是，从宋代开始子城中的衙署逐渐迁移到了罗城之中，并且分散布局。

这一时期唐代都城的建造方式也影响了周边国家和民族，如日本就以唐长安为模板修建了藤原京、平城京和平安京，渤海国则修建了上京龙泉府。

日本——平城京

和铜元年（708），日本元明天皇决定自藤原京迁都，命令造平城京司负责在今奈良市营造新都，并于和铜三年（710）迁入。

平城京全城平面呈长方形，东西约5.9公里，南北约4.8公里，不论东西南北，每隔四町（约436米）均有大路相通，形成整齐的棋盘格局。城北正中是方正的平城宫，平城宫既是天皇家族的禁宫，又是政府机构所在地，类似于唐长安的宫城和皇城。朱雀大街由北自南，将全城分为东西两半，分别称左京和右京。两京各由东西向和南北向的道路交叉划分为南北9条，东西4坊，是对唐代里坊制度的模仿。朱雀大街全长3.8公里，宽72米，其余大街一般宽约24米。平城京的坊呈正方形，各坊由坊内东西向和南北向的小路各3条划分成 16 块，称 16 坪，居民的住宅就分布在坪内。平城京还模仿了长安城的东西两市，分别在左京的八条三坊设东市，在右京的八条二坊设西市。

渤海国——上京龙泉府城

渤海国是唐至五代期间，由秣褐族在我国东北地区建立的地方民族政权。其都城上京龙泉府位于今黑龙江省宁安市境内，西濒牡丹江。上京城的布局基本仿照唐长安城，大致为横长方形。全城分为宫城、皇城、外郭城三部分。宫城、皇城位于外郭城北部中央，南北长1390 米，东西宽 1050 米。皇城位于宫城南侧，集中了重要的衙署。外郭城东墙长约 3358 米，西墙长 3406 米，南墙长 4586 米，北墙长 4946 米，周长约 16296 米，共设 10 个城门。外郭城内由南北、东西向直街分成整齐的里坊，坊的四周筑有坊墙。皇城南门前的朱雀大街是全城的中轴线，宽达 110 米。

三 壮年期——中年危机

人进入中年之后，虽然依然保持着旺盛的生命力，但无论是体力、精力和智力都在不断下降的过程中，在事业逐渐走向顶点的同时，也逐渐显露出衰老的迹象。随着年龄的增长，这种迹象会越来越明显，人也会逐渐考虑到生命终结的问题，这就是所谓的"中年危机"。

城市在经历了数千年的发展之后，也进入到一个类似"中年"的阶段。由于历史进程的差异，中西方城市进入这一阶段的时间并不相同，西方大约是在18世纪中期工业革命蓬勃展开之后，中国则要晚至清末民初。这一时期，随着科学技术的迅速发展，城市化的速度急剧加快，人口迅猛增加，规模不断扩大，在某些国家甚至出现了大城市连绵带。城市发展的背后也出现了种种隐忧，如空气污染、环境恶化、贫富扩大、交通拥挤、犯罪频发，等等，在城市生活喧嚣繁荣的同时，城市本身已经不再是人们追求的乐土，甚至出现了逃离城市的运动。在学术上，有学者提出了城市即将消亡的论点。城市似乎也遇到了"中年危机"。

面对这些问题，城市规划家、建筑学家提出了各种理论、方法予以应对，其中最为著名的当属英国城市规划师霍华德（E. Howard）于1898年提出的"田园城市"。

无论城市是否最终会消亡，但就目前来看，城市在相当长的时期内还将与人类文明发展相伴随。虽然经过多年的反思和实践，世界各国都在努力解决城市化带来的各种弊端，但各种城市问题依然存在，如何让我们的城市度过"中年危机"，是亟待解决的问题。无论城市最终是否会走向消亡，但我们希望它能顺利地步入"老年"，或再次焕发青春，毕竟它与我们人类文明的关系实在是太密切了。

欧洲城市

18世纪中期开始的工业革命,不仅极大地改变了人类历史的进程,也从根本上改变了城市结构和面貌。原先的城区,街巷狭窄难以满足新兴交通工具的需要,旧式住宅难以满足新增的大量人口,因此生活优越的居民开始向城外迁移。与此同时,大量农村人口涌入城市原来的核心区,使得原来城区的居住密度不断升高,原本就很古旧的公共卫生设施难以满足不断攀升的需要,因此中心城区生活条件不断恶化。

随着工业化的进行,城市规模迅速扩展,但由于过于迅速,市政部门难以对城市布局进行有效、协调、整齐的规划,因此在新出现的城郊中,工厂、豪宅、贫民窟混杂在一起。同时,人口的流动性和竞争性打破了原先稳定的生活环境,邻里之间的隔阂日益加深。再者,由于缺乏规划,工厂带来的污染日益严重,城市生活条件也日益恶劣。住宅区与工作区的分离也使得城市的通勤距离日益遥远,令上班族疲于奔命——恩格斯对曼彻斯特的调查和描述是这一变化的典型代表。

随着城市问题的日益加剧,一些学者开始对工业化进行反思,思考什么才是理想的城市以及城市生活。在各种理论中,最具有影响力的就是英国学者霍华德在他的著作《明日,一条通向真正改革的和平道路》中提出的田园城市构想,这是一种兼有城市和乡村优点的理想城市,实质上是城和乡的结合体。1919年,英国田园城市和城市规划协会经与霍华德商议后,明确提出田园城市的含义:田园城市是为健康、生活以及产业而设计的城市,它的规模足以提供丰富的社会生活,但不应超过这一程度。

霍华德的田园城市包括城市和乡村两个相互依赖的部分。城市四周为农业用地所围绕,由此城市居民可以很便利地得到新鲜的农产品,农产品也获得了最近的市场。城市的规模必须加以限制,使每户居民都能极为方便地接近乡村自然空间。

与之前的大多数城市规划理念不同,霍华德将他的理想付诸实践了。1903 年,他组织成立田园城市有限公司,规划建造了第一座田园城市——莱奇沃思。1920 年,他又在距伦敦西北约 36 公里的韦林建设了第二座田园城市。

霍华德的田园城市理念在西方产生了很大影响,此后,美国、加拿大、阿根廷、德国等国先后建造了一批田园城市。二战之后,英国的《新城镇法案》拉开了大量建设田园城市的序幕。霍华德之后,当代的很多城市规划家都提出了不同的城市规划方法,但大部分思想的源泉和基本理念都可以追溯到田园城市。

霍华德之后具有影响力的城市规划师是柯布西耶。与霍华德不同,他主张利用现代工程技术来改造大城市,并于 1930 年提出了光明城市的设想,即通过现代技术手段在城市中修建大量高层住宅,构建现代的交通网络,将节约出来的城市用地改造为绿地,由此创造一种充满阳光和生机的生活环境。他的这种设计理念最终在 1956 年实施于印度旁遮普邦的首府昌迪加尔,城市的主要骨架依然是棋盘格,其间分布着住宅区和绿地,市中心为商业区,南侧为工业区,北侧为大学区。

法国——巴黎

1850 年至 1870 年,拿破仑三世对巴黎的城市改造应当是近代城市改造的先驱。当时的巴黎经过迅速的城市扩张和长期以来人口的持续增长,到处充斥了贫民窟,街道曲折凌乱,木构房屋成为火灾隐患,没有充足、清洁的饮用水,没有基本的排污设施,不少街道上污水四溢。

拿破仑三世掌权之后，一方面在巴黎发展商业、工业，使得交通更为便利，成为一座帝国宏伟的都城；另一方面，对原先在巴黎公社起义中成为起义者防御屏障的曲折的街道进行调整。在接近20年的改造中，共拆毁了大约2.7万座旧房屋，新建了7.5万座新建筑。新建筑基本是用石块修建的，房屋高度也有统一的规定。在拆毁旧房屋的同时将街道拓宽，新建的街道长达95公里，很多都呈放射状布

巴黎改造后形成的街道和建筑（刘新光供图）

局，如从凯旋门放射延伸出12条大街。此外，还修建了饮用水和排污系统以及公共交通设施，改建后的城市人口从120万人迅速增加到了200万人。

传统观点认为，巴黎的城市改造虽然是拿破仑三世的意图，但实际的规划和操作者是塞纳省的长官乔治·豪斯曼。而现在认为实际上巴黎的城市改造仍应归功于拿破仑三世。因为，研究发现早在豪斯曼担任塞纳省的长官之前，拿破仑三世自己就已经在地图上制定了改造巴黎的计划，并且已经说服了那些持反对意见的官员和市议会，而且他后来曾经交给豪斯曼一幅巴黎地图，在地图上他用四种颜色（用于区分每个项目的迫切程度）标出了建议修建的街道。

英国——伦敦

1910年，伦敦已经发展成为世界第一大城市，人口是法国巴黎的三倍。与法国不同，19世纪以来由于英国政治体制的限制，长期以来无法调动国家资源对城市进行全面改造，而只能任其自由发展，由此城市不断向外扩张。当时的伦敦已经拥挤不堪，周边充斥着灰暗、混乱、肮脏的工业区，只有少数公园点缀其间。为了摆脱城区糟糕的居住环境，富人、贵族甚至中产阶级都开始向郊区迁移，于是城市的面积持续扩张。1843年，一位观察家就说，伦敦"层层扩大，郊区贴着郊区，像五十颗洋葱串在一块儿"。这似乎让我们想起了现在的北京。

二战之后，英国的城市规划学者开始试图将伦敦市中心拥挤的工厂和人口迁往城市外围的新城镇，而不是让郊区随意扩展，于是在1943年开始了爱波肯比计划。但最终这一计划只是部分得以实现，同

伦敦的威斯敏斯特宫

时由于交通工具的发展和日益普及，城市的扩张速度更为迅速，今天英格兰南部甚至中部都已经成为伦敦大而分散的郊区，因此在市区人口下降的同时，城市的总人口数字却在增加。

中国城市

如果没有近代西方资本主义国家的入侵，中国的城市可能还会按照原来的模式不断发展下去。鸦片战争之后，西方文化的入侵打断了中国城市原有的发展模式，将西方城市的布局、规划模式植入中国，同时在很多城市中也建造了大量西方风格的建筑，更为重要的是将中国城市的发展引上了西方的道路。

罗马时代修建的伦敦古城墙的遗迹

西方城市规划理论和方法传入中国的契机是1840年的第一次鸦片战争，清政府在战争失败后，割让香港给英国，同时开放广州、厦门、福州、宁波和上海五座城市为通商口岸。此后，通过一系列不平等条约，大量城市成为通商口岸；同时，各国列强通过获取在中国修建铁路的权力，取得了铁路沿线的特权。在通商口岸，各国列强运用西方城市规划理论发展租界；在铁路沿线或兴建大量城市，或者在老城区之外规划新城区。总体而言，从19世纪末到20世纪的前20年，主要是西方（也包括受到西方影响的日本）殖民者在租借地按照西方

曾长期作为德日租界的青岛，现在城市建筑依然普遍遗留有德式建筑的风格

的规划方法进行城市规划；20世纪20年代之后，随着租借地逐渐被中国收回和城市的近代化，在规划旧城的扩展区和新城市时，中国的城市规划师和设计者也多受到西方城市规划理论的影响。这一时期受到西方城市规划理论影响的城市数量，尚未有过具体的统计数据，不过从当前掌握的资料来看，数量应当是非常众多的，不仅包括原来作为殖民地和日本主要占领区的东南沿海和东北地区的城市，甚至还涵盖了乌鲁木齐这样的内陆城市。新中国建立之后，中国的城市规划仍基本遵循西方的模式，当然这也与中国传统上没有太多的城市规划理论有关。

这些来源于西方的城市规划理论与方法，对传统的中国城市造成了极大的影响。仅仅从现代的地图来看，我们就能明显地察觉到这种影响。位于城市中心或者核心区的老城，通常有曲折、凌乱的街道，其中建筑密集分布，布局上缺乏整体规划，体量也较小；在老城之外的新城，大都是横平竖直的宽阔街道，其中的建筑体量宏大，按照某种几何图形的方式排列。当然，由于老城区通常位于城市核心，地段优良，因此近年来，出于种种原因，现代城市规划和建筑也开始"侵入"到这些地段，这也引起了传统文化保护者的抗议。

中国这个自近代以来逐渐被纳入全球发展脉络中的古老国家，近30多年经济迅速发展带来的是前所未有的城市扩张，我们同样面临着那些西方城市曾经出现过的问题，即使有着前车之鉴，依然重蹈覆辙，这是值得我们深思的问题之一。

对于这些问题，各方面的学者都提出了相关的意见，例如分散城市的功能、避免摊大饼式的城市用地发展模式等，但似乎收效甚微，这是值得我们深思的问题之二。

近年来，成为国际大都市或者发展成为大城市是我国很多城市发展的目标，随之而来的是原本各具风貌的城市建筑布局变得千篇一律，可谓千城一面。在某些人看来，这似乎是现代化不可避免的代价，但如果去欧洲旅游，在那里我们依然能看到大量保存着不同文化、不同风格的城市，这是值得我们深思的问题之三。

北京、上海这样的现代化城市，是我国经济发展、国力增强的体现，但高大的建筑、宽阔的街道、奢华的商场在彰显着现代化的同时，又令人们脱离了那种轻松、惬意的生活，而不得不跟上紧张、忙碌的生活节奏。记得一位外国友人评价北京是一座让人"敬而远之"的城市！

在这里需要强调的是，紧张、忙碌并不是城市生活的特质。我们可以看一看古希腊人的城市生活，下面这段话引自基托的《希腊人》一书：

> 现在我们要比希腊人承担更多的日常支出，如长靠椅、衣着、领带、睡衣，所需要的水、烟草、茶叶，而承担这些东西意味着

我们需要工作更多的时间。不仅如此,还有一些我们需要从事,而希腊人则不需要从事的事情,如阅读书籍和报纸、每日长途跋涉去工作、在房间里消磨时间、修整草坪等。

而且,古希腊每天的循环不是由时钟而是由太阳来决定的,因为当时没有可用的人造光源。日出时开始活动。在柏拉图的《普罗塔哥拉》一书中记载,一位热情的年轻人急于见到苏格拉底,因此在苏格拉底还在床上睡觉的时候(在床上,或者更应该说是裹在自己的斗篷里面),就想早早地把他叫起来。为此年轻人不得不摸索着移往床边,因为还没有光线。柏拉图显然认为,这个时候叫人起床确实有些早了,但也没有什么好奇怪的。我们可能会嫉妒,普通雅典人可以在浴室或者体育场中消磨下午的时光。

我们不可能在每天中午如此消磨时光。我们七点起床,然后开始刮胡子、吃早饭,穿上我们复杂的衣服,直到八点半才能准备完毕。希腊人天一亮就起床,抖掉睡觉的毯子,然后把毯子精巧地围在身上作为衣服,不刮胡须,也不吃早饭,因此五分钟之后就已经准备好面对这个世界了。下午事实上不是一天的中间,而是一天的即将终结。

至今,一些欧洲发达城市的生活依然轻松、悠闲,是真的"生活"。因此,什么样的生活,才是城市的生活?或者说我们应当追求什么样的城市生活?这是值得我们深思的问题之四。

沈阳

明朝时,沈阳设中卫,1621年女真占领沈阳,之后在此定都,改名为盛京。沈阳旧城位于今沈阳市的东部地区,城内街道呈井字形,皇城位于其中部。

19世纪末,沙俄修建中东铁路南满支线的同时,在今沈阳南站地区建设租借地，规划了车站广场的三条放射形干道。与此同时，英美日等国在沈阳也取得了在铁路附属地以东、沈阳老城以西商埠地的特权。商埠地的道路由于受到南满支线附属地和沈阳老城的限制，多成斜向布置，南北向称经街，东西向称纬路，共有5条经街、13条纬路。1905年日俄战争之后，日本取代俄国获得南满支线特权，继续扩展车站前的铁路附属地。其规划布局除继续采用沙俄时期施行的文艺复兴以来西方城市规划中经常使用的圆形广场加放射形干道的规划形式之外，还修筑了与这些放射线道路交叉的3条南北向干道，两座大型广场——中央广场和平安广场也逐步完成。与此同时，在其上又叠加了棋盘格的街道布局，但与中国和西方传统的棋盘格布局不同，这一区域内的棋盘格划分得非常密集，只有60米×110米，这主要是受到日本传统的街坊——町的影响。

上海

上海在近代城市规划中，最具特色的就是里弄建筑，上海的里弄建筑始于1853年。当时小刀会起义军占领上海县城，惊恐万状的有

上海中共一大会址，是砖木结构的两层石库门楼房

钱人大批逃往租界区，英国商人乘机在今广东路、福州路、江西路一带建造了800多栋毗连式的木板房住宅，后改建为砖木结构的老式石库门住宅。此为最早的里弄建筑。

1895年，《马关条约》签定后，上海城市人口增加，又兴建了一批新的石库门里弄。1924年，在卢湾、黄浦等地也出现了新式里弄建筑，此后逐渐扩展到全市。

里弄建筑的主要特点是：建筑密度高；一般只有一二个出入口，生活安全、安宁，邻里交往密切；建筑设计用地节省。从建筑方式来看，石库门是中西城市住宅规划方式的结合，建筑形式上来源于江南传统二层楼的三合院或四合院，建筑细节的装饰则多为西式图案。更为重要的是，其总体布局来源于欧洲文艺复兴以来城市规划中大量采用的联排布局方式，比如英国伦敦的科芬园以及住宅广场。

解放后，尤其是改革开放之后上海的发展主要体现在了浦东。确实，在这三十多年中，上海发展成为了一座世界性的大都市，但由此带来的长距离的通勤、拥堵的城市交通、饮用水质量的下降等问题也都潜伏在城市鲜亮的外表之下。

乌鲁木齐

从清乾隆年间至民国，乌鲁木齐先后出现过四座城，即巩宁城、迪化城、新满城，以及光绪十二年新疆建省后修建的新迪化城。光绪十二年拓展城垣之后的城市格局，主要由原来经过规划的街道规整的新满城和巩宁城以及两城之间自然发展形成的不太规整的两部分构成。乌鲁木齐的近代规划是1934年盛世才控制新疆期间提出的，具体开始制定则是在1937年，当时改设迪化市政委员会，主要负责市区的测绘、规划等任务。1941年，毛泽民担任迪化市政委员会副委员长时，曾组织编绘《迪化市分区计划图》，并依次编制了住宅新村的规划图。其地域范围在今沙依巴克区，南起仓房沟，北至十月广场。

乌鲁木齐最为繁华的人民路街景

该规划以棋盘式小街坊为骨架，主要南北干道有黄河路、扬子江路两条，东西干道有黑龙江路、奇台路、钱塘江路三条。街坊内部又划分为若干住宅小区，以《千字文》为代号，编制地籍册，以所处位置和土地情况分等论价，售给市民建房。虽然并无具体的文献记载毛泽民主持的规划是否参考了西方的规划方案，但其规划方式，如密集的棋盘格，用无实际意义的编号（《千字文》）命名街道、住宅，显然类似于欧洲文艺复兴以来长期采用的城市规划方式。

北京

1937年，日本侵占北平。作为侵略者的日本军对于这座历史名城，出于殖民统治的目的，对于北平的城市规划，做了编制工作。1938年，由于北平人口大量增加，成立了伪建设总署，开始编制城市规划方案，同年12月确定的规划方案要旨如下：

> 北平是华北政治、军事、文化的中心，20年至30年后预计人口达250万人；保存北平城作为文化、观光都市；由于旧城内

再开发需要相当多的费用，同时中国传统住宅的布局和设计无法满足日本人的生活要求，改造困难，且有损其作为观光都市的价值等，采纳于郊区兴建新市区的方案；为避免日本人与中国人混居，兴建日本人的新市区；日本人的新市区依地形等条件决定设于西郊五颗松一带，对于将来增加的中国人，计划安置于城墙外围附近地区；考虑到水源、风向、通往天津之运河等因素，工业区配置于城东，通州计划发展为重工业区；整个北平城及其周围地区（包括宫城、万寿山、小汤山、长辛店等名胜古迹），统一规划，作为观光都市，设置观光道路，连接南苑、通州、永定河和白河。"城内仍然保持中国的意趣，万寿山、玉泉山及其他名胜地作为公园计划，在此范围乃至于周围的庭园、树木、庭石、山川，希望采取中国的式样。将来准备复原被英法联军烧毁的圆明园，希望尽力保持中国文化。"

举世闻名的圆明园遗址

日本的规划并没有得到全面施行,不过抗战胜利之后,北平市政府于1946年完成的《北平都市计划大纲》基本上遵照了日本制定的北平规划方案的主旨,提出:计划北平将来为中国的首都,保存古都风貌,并整顿为独有的观光城市;政府机关及其职员住宅及商店等,均设于西郊新市区,并使新旧市区间交通联系便利,发挥一个完整都市的功能;工业以日用必需品、精巧制品、美术品等中小工业为主,在东郊设一工业新区;颐和园、西山、温泉一带计划为市民厚生用地。

这一规划此后虽然没有施行,但解放后在北京甚至全国城市规划中具有里程碑意义的由梁思成提出的北京城市规划方案,在一定程度上仍参考了上述规划,或者说与上述规划不谋而合。梁思成的方案,即《关于中央人民政府行政中心区位置的建议》一文还受到芬兰著名规划学家E.沙里宁提出的有机疏散理论的影响。这一理论主要是针对20世纪初西方大都市过度发展造成城市生活区与就业区之间通勤时间过长等弊端提出的,主张在大城市周边建设一些可以解决一部分居民就业的半独立城镇,由此使拥挤的城市一步一步逐渐疏散,新城不是"跳离"母城,而是"有机地"进行着分离运动。可惜的是,因为种种原因,这方案未能得以实施,北京错失了一次既能保存旧城风貌,又能不受原有城市建筑、布局局限,而建造一座新城的机会。

改革开放后,北京城发展的步伐大幅度加快,但是也越发凸显出当年没有采用梁思成提出的方案的恶果。由于全国的政治、经济中心全部集中在面积狭小的、交通干道不发达的老城区,因此从全国、全市向市中心汇集的交通,在城市中心产生了严重的交通堵塞。而且这几年来北京摊大饼式的发展方式,使得周边向市中心以及穿过市中心的通勤的数量和距离日益增加,由此越发增加了市政交通的压力。除了交通之外,外来人口的大量涌入,造成房价的飙升、教育资源的缺乏、水源的短缺、食品质量的失控,竞争压力带来居民心态的失衡,以及近年来严重的雾霾,越发使得北京成为一座不适合居住的城市。不过,在越来越多的人喊着逃离北京的口号的同时,真正能逃离的则微乎其微,而且涌入的人口反而在不断增加。像北京这样的大都市确实能提供更多致富以及提高社会地位的机会,但是为了得到这些,我们又失去了什么呢?这样的城市真的是我们所希望拥有的城市吗?

西安

1932年,国民党第四届中央执行委员会第二次全体会议决定以长安为陪都,定名西京,成立筹备委员会。1934年8月,西京筹备委员会、全国经济委员会西北办事处和陕西省政府联合组成西京市政建设委员会进行市政建设。1945年4月,由于国民党中央定重庆为陪都,因此将西京筹备委员会撤销。但在此期间,西京筹备委员会和西京市政建设委员会仍然为西安的城市建设做出了不少具体工作,提出了几套完整的陪都建设计划,当然其中大多数都没有具体实施。如1934年,民间学者季平在《西京市区分化问题刍议》一文中,根据英、美、日等先进国家都市分划制度的法令实例,结合实地考察,提出了市区分划的九项原则,

西安小雁塔
小雁塔位于西安市荐福寺内,建于唐代景龙年间(707—710),原有15层,现存13层,高43.4米。近代以来西安城市的规划中一直非常重视对其的保护。

以及一套完整的功能分区方案。这套方案中，依据国外的城市规划理论，首次将西京划分为商业工业区、文化风景区以及行政区；在规划中，充分考虑了当地的交通条件、山川地貌和气候特点；新市区的规划，摆脱了旧城的束缚，布局在旧城区西北、西部和南部。此后，西京市政建设委员会和西京筹备委员会的方案，基本都遵循按照地形地貌、气候条件、历史遗迹进行功能分区的主旨。1947年，陕西省建设厅在以往规划方案经验的基础上，拟订了《西安市分区及道路系统计划书》，其中道路分级系统、采用棋盘格和辐射形叠加的道路规划方案、增设广场用于布局大型纪念建筑等设计，显然也是对西方城市规划方案的采用。

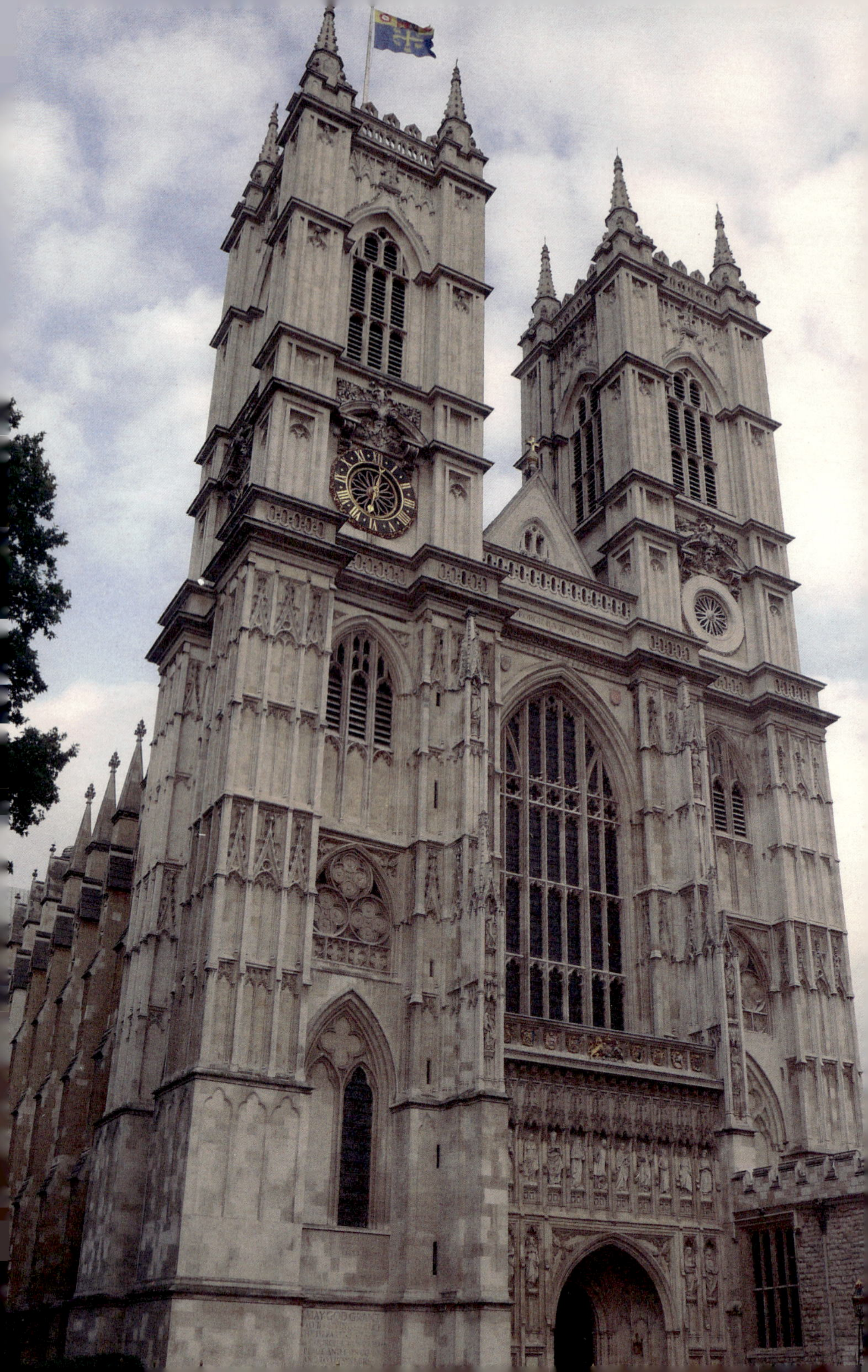

第三章

作为生命体的城市

如同人体，城市也是由各种系统构成的，其中对于城市的存在和延续最为重要的就是神经系统——政府机构和宗教建筑，免疫系统——城市的防御设施，循环系统——城市中的街道，消化系统——城市中的市场。这些系统有着不同的发展历程，欧亚大陆两端城市中的这些系统在功能、特点上存在着极大的差异。如对于中国城市而言，政府机构在神经系统中扮演着绝对重要的角色；但在欧洲城市中，政府机构和宗教建筑是神经系统中的两极，甚至在某些历史时期宗教要凌驾于政府之上。

一 神经系统——政府机构和宗教建筑

生物学认为,高级生物体的中枢神经系统控制、管理着生命体的方方面面,可以说是生命体的核心,而且,生命进化的历程也是神经系统的发展进化史。换言之,神经系统越高级的生物,其出现的时间也越晚,进化程度也越高。

对于城市而言,古代城市的管理主要是由宗教设施与政府机构来完成的,两者在具体功能上存在着明显的差异。总体而言,政府机构倾向于控制城市中的日常事务,宗教设施则倾向于控制城市中的精神生活。但两者的功能有时又相互重叠,在某些历史时期,宗教权力凌驾于世俗权力之上(如欧洲的中世纪),由此宗教不仅管理着城市中的精神生活,也掌控大量日常事务的管理。最为典型的就是对"什一税"的征收,今天在某些教堂中依然保存着众多历史上买卖、交易和人口统计的文献档案。不仅如此,城市基层生活的背后通常也能看到宗教的身影,最容易想象到

宁波老城区的寺院居士林
迄今已有 700 多年的历史,现在依然是佛教胜地,而且建立有一套完善的救济、养老、赈济措施。

的就是赈灾、救济,至今在中西方城市中,寺院、教堂依然在执行着这一功能。而且围绕寺院、教堂也形成了一些基层社会组织,在北京明清时期的寺庙碑刻上,我们能看到大量被称为"社"的组织,它们的组成并不完全基于地域,主要是由向同一寺院进香、捐款的人员构成,而成员们通常会同时参加多个社。社的功能除了最为基本的祭祀活动之外,还附有相互帮助、救济贫困、赡养老人等功能,今天南方的某些寺庙正逐渐恢复这一传统功能。

与此同时,管理城市或国家的世俗机构也会涉及宗教领域,比如中国古代常常将一些重要的神灵、先贤纳入国家祭祀的范畴,其中最具代表性的就是中国祭祀孔子的文庙,还有代表了忠义的关公庙,以及每座城市都有的城隍庙。我们可以在中国历朝的官方祀典中找到大量的例子,而且很多重要寺庙祭祀活动的重要组织者通常都是政府,而这些纳入国家祭祀范畴的神灵、先贤最初都是民间崇祀的对象。

由于东西方政治体制以及宗教在国家、社会中所扮演的角色的差异,代表世俗权力的衙署和宗教权力的寺院、教堂等在各自城市布局中所处的位置、特点等都具有各自明显的特点。

虽然东西方都有着各自本土的宗教,但有些国家、地区影响重大的宗教往往却是外来的:中国的佛教来源于印度;流行于欧洲的基督教(包括天主教、东正教),还有犹太教都起源于中东;伊斯兰教的发源地也是在中东地区。

在世界上的绝大多数早期文明中,神权和世俗权力基本上是结合在一起的,不过两者之中谁为主导,各文明之间存在着一些差异,由此也表现在了城市规划布局之中。

古代的两河流域,神权占据了明确的主导地位,千姿百态的神明控制了政治、文化、生活的方方面面,世俗的人是为神服务的。体现在城市布局中,就是占据主导的是高耸伫立的、用永久性建筑材料修

127

建的塔庙。当然，也存在着颂扬着世俗权力的宫殿建筑，比如著名的空中花园。但与神圣的塔庙相比，这种世俗建筑数量不多，至多是与宗教建筑一起构成了城市布局中的两极，也就是形成了城市中的两个核心，类似于人体中的左右脑。

　　古埃及基本上也是如此，法老虽然集神权与世俗权力于一身，但法老作为神之化身，代表神来统治世间，因此可以说法老的世俗权力来源于神权。这一点从法老的称谓中就可以看出，古埃及法老一般有五个称谓，分别是荷鲁斯名、两女神名、金荷鲁斯名、登基名和原名，由此即可以看出法老世俗权力背后浓厚的神性。以埃及第十八王朝的图特摩斯三世为例，他的五个王衔为：来自底比斯的荷鲁斯神牛；两女神之子，在天上像拉神一样行驶王权；全能的金荷鲁斯，神圣的仪表；莎草和蜜蜂之子，拉神的化身；原名则是图特摩斯和拉神的美丽之子。在这一背景下，城市就是为宗教或者神权服务的，所有永久性的建筑材料和大部分的人力被用来修建金字塔和各种神庙。因

卢克索神庙前的法老雕塑群（张振老师供图）

此与其他古代文明不同,在今天埃及保存下来的各种古代遗迹中,最著名的并不是城市,而是各种宗教建筑。

公元前 16 世纪至公元前 11 世纪埃及新王国时期的神庙多以石块砌筑,大门前通常有方尖碑或法老雕像,然后是修建有柱廊的内院、大柱厅和神堂。如法老拉美西斯二世在尼罗河畔修建的阿布辛贝尔大神庙,于公元前 1284 年开始兴建,至公元前 1264 年才修建完毕,历时 20 年。神庙之前是法老自己的四座巨像,每座雕像高约 20 米;中心入口是一个廊柱大厅,两侧墙上雕刻了拉美西斯二世在卡叠什与赫梯人激战的壮观场面;其内部是一个大列柱室,其中有 8 座高达 10 米的模仿奥塞里斯神的拉美西斯二世立像;尽头是一间小石室,是神庙的圣地,其内并排有四尊石像,从左至右分别是普塔赫神、阿蒙·拉神、拉美西斯二世和拉·哈拉赫梯神。

同时代的中国则与此不同,虽然通过对甲骨文和早期文献的研究,我们可以认为在商代,甚至在周代,神灵崇拜以及祖先崇拜在国家的运作和日常生活中占有极为重要的地位,比如很多国家大事都需要通过占卜(使用龟甲或者牛肩胛骨)来决定,战争前后都到宗庙祭拜等。秦始皇在统一全国后,在反对大臣们提议分封侯王的要求时就曾提到,秦能统一全国是有赖于宗庙,也就是祖先的力量。但是在当时的城市建筑中,我们还无法将宗教建筑与代表世俗权力的建筑区别开来,城市中也缺乏以两河流域为代表的西方城市中普遍存在的庞大的和永久性的宗教建筑。也许从中华文明或者说黄河文明产生之初,神权虽然崇高,但主要还是为世俗权力服务的。

到了古希腊时期,以雅典为代表的希腊城市绝大部分都是环绕修建在高丘之上的卫城发展起来的。随着城市的扩展,大部分希腊城市中的卫城转变为宗教中心,其中的核心建筑就是祭祀各个城市守护神的神庙,众所周知的即是雅典卫城中的雅典娜神庙。此外位于爱琴海东侧的佩加蒙拥有坚固的卫城和富饶的沿海平原。高地之上的卫城建筑宏伟，位于卫城中心的是雅典娜神庙区和宙斯祭坛，周围环绕有仓库、兵营、宫殿群和卫城的大门。

消灭僭主政治之后，随着民主制度的形成，希腊城市在高高在上的卫城之下形成了以广场为核心的世俗权力中心，其中大都修建有为公共活动服务的建筑，公民可以在其中讨论各种问题并交换信息。与政治直接相关的建筑通常还会有管理城邦事务的议事厅，当然还会修建有一些以神庙为代表的宗教建筑。位于米利都附近的普里恩，广场位于城市中心，一条大街从广场穿过，街北是通向116米长的神圣柱廊的台阶，柱廊后面是一排市政办公建筑。在柱廊东侧尽头的是议事厅和议事会执行委员会会厅，西面有一段楼梯，通向广场开放的南部西侧的门廊。在广场的这部分开放区域中，最初只是在中间有一个神坛，但后来又逐渐增加了其他纪念碑和雕像。总体而言，希腊城市中代表神权和世俗权力的建筑成为了城市布局的核心。

罗马帝国时期，虽然神权的力量有所下降，帝王的世俗权力扩张，但是城市中依然修建有大量大大小小的宗教性建筑。同时虽然是帝国体制，但原先民主制的管理方式并没有完全消失，城市中依然存在各种市民建筑以及集会场所，其中最为著名的就是规模各异的浴室和议事堂，而且罗马城市中的宗教建筑与世俗权力的设施大都混杂在一起。

英国科尔切斯特的前身是罗马时期的卡木洛杜努姆，最初是一个凯尔特人的聚落，由于它地处科尔恩河航运的端点，因此商业比较发达。罗马人占领这一聚落之后，于49年至50年间在附近修建了他们在英国的第一个殖民城市。城市的正式名称非常之长，即"克劳迪娅·维克特利克斯·卡木洛杜姆殖民城市"，这种长度的名称在罗马城市中并不算太少见。与大多数罗马城市相似，城市的街道采用了棋盘格布局，大小不同的住宅之中点缀有元老院、剧院、克劳迪亚斯神庙。神庙是罗马人在大不列颠的宗教中心，采用当时最好的建筑材料建造。60年，博阿迪西亚女王领导的起义摧毁了这座城市。

与此同时期的中国，在文献的记载中，各种神灵的影子似乎模糊不清，尤其是在国家和城市的管理中，我们越来越难以看到他们的影子，当然也有可能是由于文献记载的缺失。不过至少在现在经过考古发掘的汉代城市中，我们很难看到宗教建筑的身影，即使存在，估计也被淹没在大量的世俗建筑之中。当然对于祖先的崇拜依然存在，在汉代的城市，如长安城中，我们看到的最多的应当是祭祀皇帝的庙宇，如祭祀汉高祖刘邦的高庙就位于安门大街以东、长乐宫西南，但这一建筑的规模远远无法与代表世俗世界的宫殿相匹敌。

在罗马帝国的后期，基督教逐渐兴起，虽然最初受到帝国的一再压制，但是在狄奥多西一世皇帝统治时期，被罗马帝国接受成为国教。罗马帝国崩溃之后，随后而来的蛮族也逐渐接纳了基督教，此后由于种种原因，基督教在西方世界中逐渐获得了超越世俗权力之上的统治权，不仅控制了城市中的精神生活，甚至控制了城市中的世俗生活。在中世纪的动荡时期，教堂有时也成为城市居民的避难所，而且由于通常拥有坚固的设施以及来自宗教力量的安全庇护，围绕教堂甚至兴起了一些城市。同时，在某些军事要地或者交通枢纽附近的高地上也形成了一些便于军事防御的城堡，而这些城堡通常就是王室或者贵族的住宅，很多关于欧洲中世纪的电影对此有着很好的表现。在政治局势稳定之后，有些城堡和教堂由于有着良好的交通区位优势，因此在其下或者附近形成了市民城市。根据统计，120座建于11世纪的德国城镇中，大约有40座是主教所在的城市，20座临近修道院，至少60座围绕着王室的建筑物，其中大约12座就建在王宫附近。由此，在中世纪，城堡和教堂构成了当时城市的两极，这些我们在前文中已经介绍过了。

如约克,最初是罗马人在 71 年为了征服凯尔特人的布里甘特部落而修建的要塞——伊布拉坎。罗马人撤走后,这里被长期遗弃,破坏严重,但是 560 年左右盎格鲁人占领这里时,城墙仍然状况良好。627 年,修建了第一座教堂,位置就在今天著名的敏斯特教堂的位置上。876 年,丹麦人占领这里之后,在教堂街北端修建了皇宫。926 年,英国人将此地夺回。此后,诺曼人将约克作为他们英格兰北方的首都,并修建了两座土岗—城郭式堡垒来保证他们的统治,还重建了石头城墙。

这一时期的城市中市场依然存在,不过很多已经演变成为了单纯的市场;教堂前通常也会存在广场,成为教堂的前厅,宗教仪式前后信徒在这里集合,有时在这里也会举行室外的布道和宗教游行,从 12 世纪起,教堂门前的广场开始成为演出圣迹剧的地方。

随着影响力的扩大,宗教在中世纪逐渐渗透到了人们日常生活的方方面面,对此毕晓普的《中世纪史》中有着形象的表述:

> 教堂和教义笼罩着人的一生。没有上天的恩宠,我们就不能达成交易,会割破手指或是丢失一件农具。我们很少生活在看不到教堂尖顶或听不到神圣钟声的地方。据估计,在英格兰大约每四十或者五十户家庭就拥有一所教堂……按照一位 11 世纪编年史作者的记载,世界被"教堂所组成的白衣覆盖"。因为热爱和骄傲而修建教区教堂,因为热爱和骄傲而装修美化大教堂。所有人都为他们的建筑出力,提供劳动力和金钱,甚至把他们和自己提供的手推车绑在一起。

由此也形成了宗教的狂热,典型的就是十字军东征,在这种氛围之下，城市中的教堂如雨后春笋般地建立起来，法国著名雕刻家罗丹曾说："大教堂就是法兰西！"由于宗教的影响，教堂修建得非常高大，虽然无法与埃及和两河流域相比，但当时城市中修建的最为精美、坚固、高大的建筑就是教堂。这些教堂不但体量巨大，而且在建筑上达到了当时人类设计建造技艺的顶峰。这一时期兴起的教堂风格是哥特式的，最初起源于法国，其特点是为了将教堂修建得更为宏大，采用了肋拱来支撑庞大的穹顶，墙上采用彩色玻璃修建了体现宗教主题的窗户。与之前的建筑相比，哥特式教

英国伦敦的威斯敏斯特教堂

教堂坐落在英国伦敦议会广场西南侧，正式名称为"圣彼得联合教堂"，最初兴建于1050年，1245年亨利三世重建，以后历代都有增建，教堂平面呈拉丁十字形，全长156米，宽22米，大穹窿顶高31米，钟楼高68.5米，是英国哥特式建筑的杰作。

堂是垂直的、伸向天际的，整体平面呈十字形，因此又被称为"拉丁十字"。其中具有代表性的教堂有法国的巴黎圣母院、英国的坎特伯雷大教堂和威斯敏斯特教堂、德国的科隆大教堂和意大利的米兰大教堂。这些体量巨大的教堂修建时间也非常漫长，其中科隆大教堂始建于12世纪，直至19世纪末才最终完成，尖塔的高度达到了157米。

同时期的中国城市也发生了重要的变化，这一变化的契机与西方存在着很大的相似性。首先是新的宗教——佛教的传入。佛教传入

之后，很快在全国普及并且在教义等方面通过融合道教和儒家思想而迅速中国化。虽然之前的中国城市中肯定也存在大大小小的各种本土神祇的祭祀、崇拜场所，但是我们很难在文献或者当前的考古资料中看到它们的身影。但是佛教传入之后，也产生了与西方相似的宗教狂热，上至皇帝下至普通的百姓，都以修建佛寺以及向佛寺施舍为荣，其中著名的就是南朝梁武帝萧衍。他于普通八年（527）第一次前往同泰寺舍身出家，三日后返回，大赦天下，改年号大通；大通三年（529），他第二次至同泰寺舍身出家，后由群臣捐钱一亿，向"三宝"祷告，请求赎回"皇帝菩萨"；大同十二年（546）他第三次出家，后群臣用两亿钱将其赎回；太清元年（547）又第四次出家，朝廷出资一亿钱赎回。

与同时期的欧洲相仿，这一时期随着北方民族的入主中原，中国

唐代的麟州古城
城址位于陕西省神木县店塔乡杨城村高山之上，始建于唐代，一直延用至元明时期。由于城址位于唐朝的北方边境地区，且位于高山之上，因此并不是一般的行政城市，而是具有军事功能的城堡。

绛州子城的东门，地势远高于周边建筑

秦汉以来的城市体系受到了彻底的破坏。此后，在战乱之中，在很多军事要地出现了以军事控制为主的城堡，城堡之中通常驻扎有军队和地方官吏，周围并无太多的居民。到了隋唐时期，随着经济的发展，其中一些城堡延续了下来，并且在周围逐渐聚集了大量人口。而原先的城堡则成为城市的政治核心，在当时被称为"子城"。自秦汉以来，中国地方官吏的权力极大，州郡官员对于其下属官吏有直接的任命权，中央一般不予干涉，虽然隋代开始逐渐收夺地方官员的权力，但一般来说，地方行政机构还是非常简单的，所有重要的衙署通常都集中在子城之中。前文提到的扬州、泉州即是这方面的典型，再如隋唐时期的绛州（今山西省绛县）。隋唐绛州位于由河津渡过黄河通往关中的东西交通要道上，城南即汾水，有水陆交通之便，最初的城堡位于黄土高原陡峭的崖壁之上，南北朝后期曾在此发生过几次重要的战役。隋唐时期，在原先的城堡之下，城市逐渐发展起来，唐代后期修建了周长约9里的罗城，最初的城堡改称为"子城"。此后历代相沿，至今子城的遗迹依然可见，站在其上可以俯瞰整个绛州城。今天子城的遗址内保存有隋开皇十六年（596）创建的"绛守居园"遗址，这是隋唐绛州衙的后花园，其南侧是唐代建、元代重建的"绛州大堂"，东西长约30米，南北宽约15米，规模宏大。

这一时期东西方城市中"神经系统"的布局有着类似性，即高耸的城堡之下，在市民城市中耸立着各式各样的宗教建筑。当然，就宗教建筑的高度而言，由于中国佛教寺庙主要以木建筑为主，所以无法与西方相比；虽然存在砖石结构的佛塔，但中国建筑中对券拱的利用极其有限，因此限制了建筑的高度。

欧洲文艺复兴之后，理性再次凌驾于宗教之上，加上各国专制王权的加强、宗教改革等，欧洲宗教的力量逐渐让位于世俗权力，不过基督教依然在日常生活甚至政治中起着非常重要的作用，因此其在城市中的地位并无明显的变化。所谓世俗权力代表的市政厅，其建筑通常体现了当时的艺术风格，一般位于城市广场的一侧，与教堂分庭抗礼。

如捷克斯洛伐克首都布拉格的胡斯广场，广场的东侧是兴建于11世纪的泰恩教堂，最初是一座罗马式教堂，1256年改建为早期哥特式教堂，现存的后期哥特式教堂始建于14世纪，到15世纪初，建筑工程大致已经完成，塔楼高80米。广场的西北侧是圣尼古拉斯教堂，最初修建于13世纪，是简单的哥特式建筑，18世纪才改建为巴洛克风格，先后修建了15年的时间，同时添加了一个74米高的巴洛克式洋葱头中塔，形成一圆一尖的两个塔顶。1338年，布拉格获得城市自治权后在广场的西南侧修建了市政厅（现在称为旧市政厅）作为城市的管理机构，其高耸的钟塔完全可以与广场中的两座教堂相媲美，而钟塔上的天文钟更是享誉世界，今天依然是最受欢迎的旅游景点。

在中国，鉴于唐末藩镇割据，宋初中央集权逐渐加强，不再允许地方掌握有太多的权力，因此各个城市中位于最高处的修建坚固的子城成为中央政府的眼中钉、肉中刺。于是自宋代之后地方城市中的子城通常不再进行修筑，到了元末基本都荒废了。与此同时，为了分化地方权力，逐渐增设地方官员，并且设立了名目众多的地方监察官员，造成地方官员的数量急剧增加，原先狭小的子城也难以容纳这些新设的官员和机构，因此衙署逐渐迁移到了子城之外，在城内分散布局，浏览宋代以来的方志图就能得出这一结论。宋代《淳熙严州图经》的《建德府内外城图》中的衙署数量并不多，而元代的《潮州路城图》中衙署的数量显著增加，而且大都位于子城之外，在今人复原的明《西安府城图》中衙署的数量已经多如牛毛，分散在城内各地。

与此同时，越来越多的庙宇也逐渐被纳入官方的祭祀系统，有些甚至规定了城中修建的位置，当然有些则是习惯使然。如文庙，绝大多数都位于城内的东南和东部，这可能受到后天八卦的影响，因为在后天八卦的系统中，东南的巽宫或正东的震宫"以主文明"；此外，

台湾台南文庙
虽然规模不大，但却是目前保存下来的规制依然完整的少数文庙之一。

由于地方士绅和官员将文庙的位置与科举发达与否联系了起来，因此为了兴旺地方的科举，在短短一百多年中迁建文庙三四次的情况并不少见，而且在所有城市建筑中，修建最为频繁的就是文庙，可见当时文庙在官府和地方人士心目中的地位。此外，明代还曾规定社稷坛应当修建于城市的西北，风云雷雨师坛修筑于城市的西南，而祭祀鬼怪的厉坛则应当修建于城北。

就城市中寺庙的密度而言，中国城市完全可以与西方相媲美，我国著名历史城市地理学家李孝聪教授在详细复原了明清北京城的寺庙分布之后，曾经说过"在北京旧城城圈（即二环路）内，无论你站在何处，以你所站的地方为圆心，以一百米为半径画一个圆圈，你总能发现至少一座寺庙"。从地图来看，已故著名考古学家徐萍芳先生根据《乾隆京城全图》绘制的清北京城复原图上数量最多的建筑可能就是寺庙，大约有1300座左右；李孝聪的统计数字更是达到了1500多座。

此外，虽然中国的寺庙建筑无法修建得如西方教堂般高大，但是至少在清代，老百姓私建的寺庙用上了精美的绿琉璃瓦，皇帝敕建的皇家寺庙则可以使用黄琉璃瓦，比如著名的雍和宫，而平民百姓的住宅则只能使用灰色的板瓦。因此，如果站在高处向一座中国城市眺望，映入眼帘的首先是象征着国家权力的衙署和皇家敕建的黄色琉璃瓦的寺庙，这两者不仅颜色突出，一般也是城市中最为高大的建筑；而两者之下，则是普通百姓的住宅。可惜与西方保存下来的大量古城相比，中国的古城大都历经改造，现在要欣赏这样的城市天际线（即城市中各种建筑与天空交界处构成的线条，也就是城市垂直方向的轮廓）实在是太困难了。

各色各样的广场

大多数人对于广场的印象应当是进行大型活动或者大型集会的场

布拉格的瓦茨拉夫广场

所，我们最为熟悉的当然是天安门广场，但在城市的历史中广场有着众多的功能。希腊、罗马的城市中，广场除了是市民活动的场所之外，还是处理政务、祭祀神灵的地方，此外通常还附带有市场的功能。中世纪时期，广场除了延续上述功能之外，还成为教堂的前厅。文艺复兴时期，广场的功能进一步扩大，在英国出现了大量居住广场，环绕广场修建的是以居住为目的的住宅。某些街道也被称为广场，如布拉格的瓦茨拉夫广场，长750米，宽60米，中间是车道，实际上更像一条大道，这里在中世纪时期曾是马匹市场，1818年更名为瓦茨拉夫广场。在某些国家，广场的中心则矗立着国王的雕像，由此广场的功能也演变为赞美君主的伟大，这种广场在法国非常盛行。

二、免疫系统——从壕沟到城墙

单细胞生物产生之时，围绕细胞质就有着一层薄薄的细胞膜，其功能之一即是抵御外界各种侵害，这些危害有来自其他生命体的，也有来自周围环境的，而且随着生命形式的不断发展，防御设施也逐渐演化，最终形成了免疫系统。不同生物发展出了形形色色的机械防御系统和化学防御系统，如乌龟坚硬的外壳，豪猪浑身让人恐惧的长刺，某些蛙类的皮肤中含有的有毒化学成分。除了防御之外，有时皮肤也具有其他功能，比如某些动物表皮绚丽的颜色和形状，其目的是为了可以吸引异性的注意力。当然，皮肤还具有另外一项重要的功能，即在将我们的身体组织包裹起来的同时，还存在一些吞食食物、呼吸空气以及将身体组织的废弃物排出体外的"进出口"，如口腔、鼻子、肛门等，因此由于人体随时需要与外界交换物质和能量，所以人体的这套机械防御体系并不是完全封闭的。

与生命体一样，自人类社会诞生以来，不仅不同文明之间，甚至不同部族、人群、聚落之间就存在着生存资源上的竞争，因此在人类聚落还未发展成为城市之前，就已经诞生了最为基本的防御工事，其中最为常见的就是壕沟。在考古学上将这类修建有壕沟的早期聚落称为"环壕聚落"。此后，随着城市的发展，以城墙为代表的防御工事也逐步发展，同时不同文明由于所面对的外界威胁不同，也发展出了一些各具特色的防御方式。当然，城市并不是一个封闭的空间，与外界进行物资交换是城市存在和发展必不可少的条件，而进行交换的进出口就是城门。城门作为进出城市的必由之路，也是一座城市形象的代表，因此在一些文明中对于城门的装饰十分在意。由于城门又是整个城市防御体系中最为薄弱的一环，因此也是城市防御的重点，有时围绕城门会发展出一套专门的防御设施。

只是到了近代以后，战争武器的破坏力已经超出了单一城市的防御工事所能抵御的程度，古老的城墙才逐渐从城市中消失。不过，现代文明中人与人隔阂的加剧，城市生活不安全感的日益增长，城墙这一外部免疫系统又转化为一种新的形式——现代城市中各色有形与无形的"墙"。

发展史

关于城墙的起源，有着各种说法，其中最为主流的当然就是"防御需要说"了，这也是最好理解的。新石器时代原始农业产生之后，随着生产力的发展，聚落内部逐渐开始积累了一些粮食和财物，这必然引起其他聚落或者部族的兴趣，由此修筑有防御设施的聚落应运而生，这种现象在世界各地都有发现，如前文提到的耶利哥和加泰土丘都有着各自的防御设施。

三星堆遗址东城墙的残迹

按照目前的考古资料，中国最早的城墙出现在距今约 6000 年以前，代表城址是湖南沣县城头山大溪文化城址；此后黄河流域仰韶文化晚期的河南郑州西山城址也筑有城墙，其时间距今约 5500 年左右；山东地区大汶口文化晚期的西康留遗址也出现了城墙，时间距今约 5000 年。到了龙山时期，全国不同地区不同文化的很多遗址中都出现了城墙，如龙山文化的后冈城址、淮阳平粮台城址、章丘城子崖城址；内蒙古地区老虎山文化的老虎山城址；四川地区宝墩文化的宝墩城址、芒城城址；湖北石家河文化的石家河城址、阴湘城址。此外浙江良渚文化的莫角山遗址也发现了类似于城垣的夯土土垣，可以说修筑城垣是这一时期各种文化城址的共同现象。

当然，宏大的城墙也不是一蹴而就的，现在一般认为，新石器时期的环壕聚落周围的壕沟应当是城墙的前身。最典型的环壕聚落当属姜寨遗址，这一遗址位于今天山西省临潼县城北，是以仰韶文化为主的新石器时代的遗址。遗址中心有一个大广场，周围由 5 组 100 多座房屋环绕，最为重要的是这一居住区周围有由天然河道和人工壕沟环绕构成的防御系统。

不过，20 世纪末，又有学者对于城墙产生的原因提出了新的解释，认为虽然人类历史时期城墙的主要功能是军事防御，但城墙最初产生时的功能可能主要具有宗教功能，用于标明圣界以及避免邪魔的入侵，而且似乎也找到了一些考古方面的证据，如前文提到的亚述王国都城的霍尔萨巴德古城，以及中国的三星堆古城中存在的超出当时攻城防御需要厚度的城墙。

还有一种观点就是认为某些地区城墙的产生主要出于防洪的需要，中国现代著名历史学家、古文字学家徐中舒先生就认为："古代黄河下游广大平原半穴居的村落，必须在地面上构筑城垣，以防河水泛滥时的侵入。"这种防洪功能一直持续到了后代，如唐代晋阳城、宋代太原城、明清武汉三镇的城墙以及明代河南地区的一些城墙就具有防洪功能。

最近提出的一种观点则认为，城墙最初产生是为了分割城市不同身份的居民。现在发现的龙山时期的古城址中，有很多城址仅是整个遗址的一个组成部分，城内发现的大体量的建筑基址，与城墙之外的普通建筑形成鲜明对比，因此这些城址中城墙的主要功能是为了将统治阶层与一般民众隔离开来，并保护统治者的安全和财富。城墙的这种功能在后世依然存在，如春秋、战国时期的很多文献中都记载当时"筑城以卫君，造郭以守民"，其中城的修建将"君"与"民"隔离了开来。后代都城之内的皇城、宫城同样将君主和普遍居民划分开来，而且军事防御并不是这两者的首要任务，在历代战争中我们极少看到围绕皇城或宫城展开的攻坚战。清代在地方城市中设立的满城，其城墙除了防范汉族人随时可能发生的突然袭击之外，更为重要的是将满人与汉人分隔开来，保持八旗的独立性，防止满人汉化。

城墙的修建与否

中西城墙发展史都经历了一个相同的时期，即在帝国强盛，尤其是军事力量强大的时期，因为根本不存在可以威胁到内地城市安全的外敌，所以不需要每座城市都修筑城墙，在这种情况下修建城墙也是一种对人力、物力的浪费，当时只要在边境地区建立起牢固的防御体系就可以了。

西方的罗马帝国在帝国初期和中期，由于拥有强大的军事力量，基本上使得所有威胁都可以消弭于边境，因此很多内地城市都没有修筑城墙。需要提到的是，罗马帝国于122年在大不列颠北部修建了宏伟的哈德良长城。这条长城的遗迹至今清晰可见，而且就结构而言，与中国后来的明长城也有些相似。

欧亚大陆上的城市——一部生命史

宁夏北部的明代长城
与很多人的印象不同,明代的长城不全是包砖的,毕竟包砖的成本太高,因此在很多地段因地制宜,使用当地盛产的建材作为长城的修筑材料。

中国不修筑内地城市城墙的情况始自唐代初年,但最为典型的则是在明朝前期。当时强大的军力和卫所制度,使得居于北方草原的游牧民族难以对中原地区构成威胁,于是在那一时期,内地几乎不再进行城市城墙的修筑,只是修筑承担军事防御功能的卫所,甚至将一些州县城城墙上的砖石拆除以用于卫所的修建。这种行为,不仅是军事力量强盛的象征,更体现了一种帝国的自信。

只是到了明英宗在土木之变被俘之后,不仅大明帝国军事力量强盛的外表被揭穿,而且以往的自信也被彻底击破,由此开始了持续直至清末的全国范围的城墙修筑大工程。不仅如此,原本并不受到太多重视的长城也开始进行大规模的修筑,于是有了我们今天看到的雄伟的长城。当然,如同人体缺乏良好的身体状况,根本无法仅仅依靠一层薄薄的"表皮"就妄图抵御病菌的入侵一样,长城和城墙都无法抵御来自北方的入侵,最终明朝灭亡于来自东北的满洲。

城墙的结构

最初城墙刚刚诞生的时候，结构非常简单，估计仅仅是一道墙体而已，最多在其外侧挖掘有壕沟。随着文明的进步、科学技术的发展，也造就了不断进步的攻城技术，由此也使得城墙的结构日趋复杂，产生了女墙、马面，墙体也从土筑改为包砖或者石筑等。在这一发展脉络上，中西方大体是相近的，只是在时间上存在一些差异。对于这些复杂的建筑结构，不可能一一进行介绍，下面重点介绍一些经常能见到的城墙、马面。

今天，如果看到一些保存较好的古代城址，就会发现在高大的墙体外侧，每隔一定距离，就会有一凸出于墙体之外的建筑，形状类似于长长的马脸，这就是马面（或称为敌台、墩台、墙台），其功能主要在于弥补线性墙体防御上的缺陷。在冷兵器时代，甚至直至热兵器开始使用之后，一旦敌军攻至城下，那么弓箭这种有效的防御工具就

平遥县城北城墙上的马面

金山岭长城外墙上的射孔和擂石孔

失去了作用，如果探身向下射击的话，射手又会由于缺乏保护成为城下敌军的攻击目标。修建马面之后，即使敌军攻至城墙之下，从马面的两侧依然可以对敌军进行攻击，这就是马面的主要作用。中国可能早在春秋战国时期就已经出现了马面，现在发现的最早修建有马面的城址是战国时期的燕下都。西方也存在类似的建筑，不过一般称为棱堡，可能早在苏美尔时期就已经产生。西方的棱堡主要为圆形或者三角形，这种形状的棱堡在防御方面要优于中国方形或长方形的马面。方形或长方形的马面对于侧翼城墙的保护当然没有问题，但马面自身宽大的正面依然是防御的薄弱环节，而圆形、棱形的棱堡几乎不存在易受攻击的正面。在文艺复兴之后，为了适应攻城火器的改进，棱堡的体量和结构有了革命性的变化。

中国古代绝大多数城墙之上朝向城外的一侧修建有凸凹起伏的齿状的矮墙，被称为"女墙"，其功能主要是在保护城墙上的守卫人员

金山岭长城垛口上用于插遮板的孔

的同时,还可以通过凹处向外观察敌情。女墙之上的附属设施有很多,比如在某些女墙上设有一些孔洞,这些孔洞的功能各异,有些是用来射箭的,有些则是用来投掷礌石的,有些则是将城墙上的积水排出,要区分这些孔洞的功能有时是蛮困难的。如果仔细观察,有些女墙之上凹处下端正中还有一个小孔,这里原先应当插有一块可以转动的木板,其作用是作战时保护守城人员的安全,在需要时又可以打开观察敌情或者向外射箭。

西方城墙修筑时运用砖石的时间可能较早,至少中世纪时期建造的城堡中绝大多数使用的都是石材。而中国城墙在明初之前绝大多数都是夯土修筑的,当然也存在少数包砖或者就地取材用石材修建的城墙。夯土城墙带来的问题就是容易受到雨水的侵蚀,尤其是在南方,基本上如果30年不补修的话,城墙的毁损就会比较严重。为了应对雨水的侵蚀,有时雨季会在城墙之外用苇席进行保护,按照记载元大都就是使用这种方法保护城墙的。但中国古代的城墙在明代进行了大规模的包砖。这是一个非常有趣的问题,不过至今仍没有什么明确的答案。为何此时大规模包砖呢?在可能的原因大致有两点:一是攻城技术的进步。火器大规模运用到城市攻坚战始自宋代,不过此后一直没有太大的进步,厚实的夯土城墙在一定程度上也足以抵御小规模火器的进攻。而且除非是政权之间进行的战争,一般的农民起义或者小规模的骚乱,所动用的火器实在有限,所以这点应当不是明代城墙包砖最重要的动因。二是筑城资金来源的变化。宋代,修筑地方城墙的资金主要来源于中央,而包砖所需花费甚大,因此难以进行全面的包砖。明初主要修筑的是卫所城市,数量有限,国家可以集中资金进行这类城市的包砖。明代中期之后,开始了大规模的地方城市城墙的修筑,同时也开始了大规模的包砖。而这一时期的筑城资金主要来源于民间筹集,政府的资助只占到不大的比例。在这种情况下,如果地方财力适宜,就可以进行全面的包砖;某些地方虽然财力有限,但通过分段包筑,最终也可以完成城墙的全面包砖。当然,与夯土城墙相比,包砖之后,城墙无论抵御火器还是雨水侵蚀的能力都大大加强,随之而来的就是城墙可以维持的年限延长,维修成本也相对降低。

中国现存古代城市的城墙大部分都是夯土的,其原因主要在于包筑城墙所用的砖非常坚固,民国以来城墙逐渐失于管理和维修之后,城砖大都被附近居民拆去修建房屋等建筑。如果仔细寻找,一般都能在城墙附近找到用原来城砖修建的建筑。

中国城门的构造

以元代为界,中国城门的形态存在明显的差异。元代以前,基本上为圭角形门洞,即梯形门洞。这种形式的门洞,至迟在战国、秦汉时就已经使用。它主要由两侧门洞壁上的壁柱(宋时称排叉柱)和横

| 第三章 | 作为生命体的城市 |

唐《五台山图》的石嘴关门、石嘴关镇及永昌县图，这些城池的城门都是梯形门洞

梁（宋代称洪门栿）组成。至南北朝时由平过梁发展成梯形或三角形构架，其中梯形最为普遍。这种形式的门洞最大的缺点就是怕火攻。宋代之后，可能是解决了券拱的力学结构问题，同时券拱形的门洞不怕火攻而且更为坚固，因此成为了主流，我们现在经常看到的就是这种形态的门洞。在某些地区，尤其是台湾，依然保存有最初梯形门洞的痕迹，这些门洞结合了券拱和梯形门洞的特点，从外部看似乎是券拱形，但是其内部也就是安装门板的位置则采用的是旧有的梯形门洞的形式。

城门是环绕聚落修建的封闭性城墙上唯一的对外通道，

山西右玉县的东城门，是券拱形门洞

149

由此在战争中,也就成为防御方最为致命的弱点和进攻方最为重要的攻击点。在很多描述中国古代攻城战的电影中,重点表现的是攻城方对于城墙的攻击,即过壕沟、架云梯、爬城头,然后进城,但这并不符合实际战争情况。道理也很简单,以这种方式进入城墙内部的部队数量较少,速度也很缓慢,攻城方要真正取得胜利必然要获得对城门的控制权,因此无论进攻手段如何,城门才是攻城战中双方争夺的焦点。由于城门在攻城战中的重要性,因此在中国古代围绕城门发展出了繁复的防御工事,其中最为重要的就是瓮城。

瓮城即是在城门外环绕城门修筑的规模很小的城,其最早出现的时代尚有待进一步考古发掘的论证,不过至少在汉代至魏晋时期就已经出现。我国宋代著名军事著作《武经总要》中对瓮城的形制有着清楚的描述:"其城外瓮城,或圆或方,视地形为之。高厚与城等,惟偏开一门,左右各随其便"。其中最为重要的是瓮城门不能与城门对开,也就是要"偏开",由此敌军进攻瓮城时要绕过瓮城的正面,而且一旦攻破瓮城门进入瓮城,由于瓮城内的道路形成曲折,也必然会影响到进城的速度,更重要的是攻入瓮城的敌军将要受到四面八方的攻击,形成"瓮中捉鳖"。由于瓮城在城门防御中的重要性,中国古

台湾台南府城的兑悦门,是梯形与券拱形门洞的结合

代对于瓮城的修建极为重视，有些甚至修建了三重瓮城，北宋都城开封的外郭城除了南薰门、新郑门、新宋门、封丘门因为是御路所经为"直门两重"外，其余皆修筑了三重瓮城。明南京的通济门也是三重瓮城，至今遗迹尚存。

中国古代是一个等级森严的社会，虽然宋代之后社会流动性增强，但等级制度却并没有得到根本性的改变。城门，作为城市中最为雄伟高大的建筑以及进出城市的唯一通道，必然成为等级制度的直接体现。首当其冲的就是城门上城楼的高度和建筑形式。虽然这方面似乎没有明确的制度规定，但一般而言，明清时期各地城门城楼的高度不应高于天安门的高度。天安门原高33.87米，1970年大修加高了0.83米，现为34.70米。

在建筑形式上，天安门的城楼建筑为两层重檐楼，东西开间为九间，南北进深五间。这一规制地方城市城门上的城楼是不能采用的，一般只采用单层歇山或者单檐的格局，开间最多也只是五开间，通常

嘉峪关东门朝宗门的瓮城，城门与瓮城门并不在一个方向上

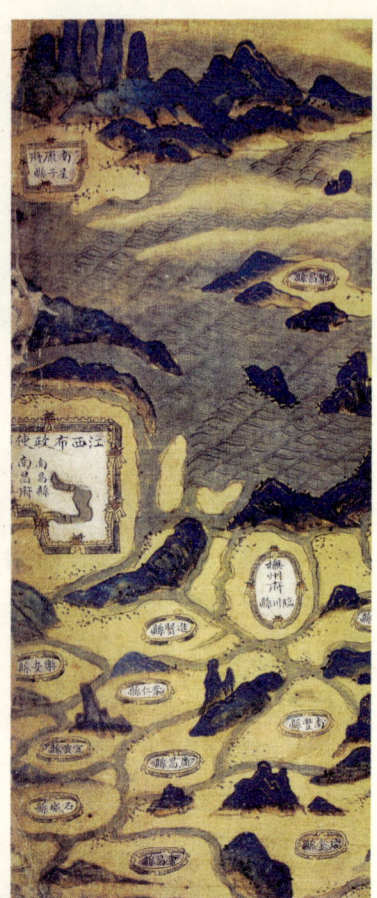

明万历年《江西全省图说》的《江西布政使司图》
图中不同等级城市城墙上的城楼层数存在等级差异

只有一些府州级城市才可能采用重楼的形式。这种城楼的等级序列，甚至渗透到了地图的绘制当中。明万历年间用形象画法绘制的江西省地图集《江西全省图说》，其中《江西布政使司图》中省会城市南昌府的城门就绘制了双层城楼，各个府城又绘制了单层城楼，县城则不绘城楼；在各府的分图中，府城绘制为双层城楼，县城为单层城楼；

县图中县城的城门基本绘制的都是双层城楼。这显然不是对实际情况的描绘,更多体现了一种渗透到地图绘制中的用城楼的层数来体现等级的观念。

火器与城墙:矛与盾

西方大约是在十四五世纪,中国可能是在宋元之际,火器开始在攻城战中广泛使用,不过此后的发展中西方走向了两条不同的道路,由此影响了各自城市中城墙的形态。

在此之前,中西方的城墙设施虽然存在一些差别,但在防御理念上几乎是相同的,雷金纳德·布卢姆菲尔德爵士曾经提到,在中世纪,城堡的防御只需要注意一个维度,即高度。如果城堡的城墙足够坚固、足够高,而且有一条环绕其外的有水的护城河,那么这个城堡将是无法被攻破的,除非遇到饥荒或者是背叛。这种说法也完全适用于中国古代的城市。

1453年,土耳其人使用火炮攻克了君士坦丁堡,这使得西方城市军事防御工程的历史走入了一个新的时代。在这一时期还诞生了著名的城市防御和攻城专家——法国的沃邦,原先坚不可摧的城堡变得虚弱了。从那个时候开始,需要不断增加城市边界与防御工事外围之间的水平距离来进行充分的防御。除了这个额外的空间,防御工事本身也变得越来越复杂,包括复杂的相互支持的棱堡和要塞系统。这种城市防御体系具有三个特点:

第一,有着一定距离的防卫地带,或者说交火地带,这一地带是城市防卫的前沿,通常不修筑任何建筑。极端的例子如法国东部的一座沃邦小镇新布里萨克,防卫地带的宽度超过了213米。

第二,因为经过人为的设计,所以城市的外部形态呈现出一定的几何形态。

第三，城墙上布满了形形色色、体量巨大的棱堡，上面一般放置有各种火炮。

由此，这一时期修建的防御工事使得城市的外部轮廓与之前产生了巨大的差异。

与西方相比，早在宋元时期，中国的火器就发展到了较高水平，攻城时具有了一定破坏力，但此后直至明末，火器一直没有取得根本性的突破，也没有形成大规模的使用，因此对城市城墙防御系统的影响很小。

不过，明末的一个插曲是值得注意的。万历时期，以利玛窦为代表的西方传教士来到了中国。他们带来了西方的几何学、地图学等知识，这些都是大家所熟知的内容，不过在明末内忧外患不断加剧的时期，中国的一些士大夫还从他们那里学到了西方这一时期流行的城墙修筑方式。可能最早是在万历四十七年（1619），明朝军队在萨尔浒之役中的惨败，使得辽东局势突然紧张，明军原来的优势荡然无存，在战争中也不得不趋于守势。在这一情况下，天启元年（1621），与传教士接触最为密切的光禄寺少卿李之藻和徐光启分别向皇帝上奏，除了主张调运西铳（也就是西洋火器），募集澳门铳师，并召耶稣会士阳玛诺（1574—1659）、毕方济（1582—1649）进京协助传习炮术之外，还力主按照西洋办法在城墙上修筑铳台，并认为"一台之强，可当雄兵数万"。其原因应当是西洋的炮台，也就是棱堡要优于中国传统的马面和角楼，不过由于种种原因他们的方案最终没有付诸实践。

除此之外，一些中国士大夫在西方棱角（或三角形）炮台的基础上，撰写了新的城市防御著作，比如孙元化的《西法神机·铳台图说》。其中最为著名的当属韩霖的《守圉全书》，这本书是韩霖与传教士高一志在翻译当时意大利城市防御著作《论城市设防》的基础上，按照中国的实际情况对城市防御体系的讨论和介绍。

除了撰写著作之外，韩霖还将这一技术应用于实践，经过多次反复实践之后，终于在山西的绛州按照西洋方法修建了铳台，并且在顺治五年（1648）的原大同总兵姜瓖叛清复明的战争中取得了不错的效果。对于西方铳台应用得最为全面的当属雄县，具体负责实施的是当地的望族马维城，先后在城墙上修筑了10座铳台，并且在明末的多次城市防御战中取得了良好的效果。可惜的是，无论是在绛州还是在雄县，这套受到西方影响的防御工事都没有保存下来，也找不到相关的地图。

清朝的炮兵实力，经明清战争、三藩之乱，至17世纪末的准噶尔之战达到顶峰。然而，随着大规模火器战争的结束，清政府掌握的火炮技术迅速衰落，以至于第一次鸦片战争时期，清军的火炮效力尚不及明末。整个18世纪，中国的战事主要集中于边疆地区，内地虽偶有动荡，但农民起义者难以掌握拥有巨大杀伤力的火器，因此城池几乎从未遭遇火炮威胁，自然毋须考虑发展新型防御工事，由此明末传入中国的西洋筑城术被逐渐遗忘。

清末内忧外患使得西方的棱堡再次进入中国军事家的眼帘，一些近代修筑的炮台采用的就是西方棱堡的式样，台湾省台南现存的"亿载金城"就是一座典型的西洋式的炮台。同治十三年（1874）日本借口琉球王国遇难船只的船员遭台湾原住民杀害，出兵侵台，当时的钦差大臣沈葆桢奏请朝廷建设仿西式的炮台获得批准，延请法国人设计，于光绪二年（1876）完成，命名为"亿载金城"，这是台湾省第一座西式炮台。这一炮台采西洋式红砖建筑，呈四方形，四隅有棱堡，用来放置大炮，而中央凹入的场地则用来操练军队。城外引海水为护城壕。

亿载金城的西城墙、棱堡和护城壕

城墙的消失

到了近代,随着攻城火器的进一步发展,以城墙为核心的城市防御体系逐渐失去了其存在的价值,同时随着城市经济发展的加速,环绕城市核心区的城墙逐渐成为城市发展的障碍,于是从19世纪开始,各国开始了大规模的拆城墙运动。而拆除城墙之后留下的土地,一般都发展成为环绕城市中心区的环城大道。

维也纳的城墙在欧洲历史上非常有名,甚至可以说决定了欧洲历史的进程,因为正是在15世纪至16世纪间的不断改进,使得维也纳在1529年和1683年间可以成功抵御土耳其人的进攻。城市一览无遗的围绕防御工事的交火区宽度达到了518米。老城的防御工事包括12座棱堡,起初修建的是土墙,后来改为石墙,并且有11座外堡作为辅助防御工事,外围还有一条宽阔的护城河环绕。拿破仑在1809年征服了维也纳,拆除了棱堡和相关工事,维也纳从此成为一座不设防的城市。此后一直到19世纪50年代早期,防御工事被拆除后的废墟一直没有被动过,宽阔的交火区在老城和郊区之间形成了一个公园,这些废墟限制了老城的扩展。1857年,为了开发这一被浪费的地带,举办了一场发展规划竞赛,最终路德维格·冯福斯特的方案胜出,于1858年得以通过,并在随后的十年中付诸实施。其规划的基础是建立在原来城墙废墟之上的一条宽阔的环状林荫大道——环城大道,它穿过环绕老城的中心,长度超过3公里,宽60多米。

波兰早期的首都克拉科夫也是这方面的例子,中世纪克拉科夫的城墙长达3公里,有46个塔楼,7座主要的城门,修建花费了两个世纪。但到了19世纪,城墙大部分被拆除,护城河被填平,改为环城绿带,称为普朗蒂公园。

中国大规模的拆除城墙并不始于近代,元代在消灭南宋的过程中及其之后就曾有计划地拆毁了大量城市的城墙,当然具体是否真的全部将城墙铲平,无法证实,但到了元末确实很多城市已经没有了城墙,或者城墙已经残败不堪。至于蒙古人拆毁城墙的原因,很多学者认为是游牧民族不喜欢阻碍骑兵横冲直撞的城墙,但实际上更可能的是作为军事力量强大的征服民族不需要城墙

克拉科夫的环城绿带

保护城市，也不希望城墙成为被征服民族据以抵抗的屏障。

此后，明代中期至清代大规模的筑城，给人以城墙是中国城市的象征这样的错误印象。只是清末面对大规模破坏力的火器，城墙逐渐难以抵挡，到了民国时期空军开始出现之后，当时的士大夫更感叹道，即使修筑千丈高的城墙，也无法抵御空军的袭击，加上经济的发展，中国的城墙也走到了末路，各地纷纷开始拆城。这方面的典型例子就是上海。上海的城墙修建于嘉靖三十二年（1553），当时主要是为了防御不断骚扰的倭寇。清末，随着上海的开埠，县城之外出现了大面积的租借地，上海的经济重心已经迁移到了城外。而上海所处的地理位置，注定一旦发生战争，必然是大规模的军事冲突，传统的城墙根本无法抵御近代火器的进攻，反而成为老城与租界区交通上的障碍，因此在清末即有拆城之议。到了1912年7月开始动工拆城，至1914年城墙基本全部拆除。与上海类似的还有天津、嘉兴、广州等地，大都是一些沿海经济发达的城市。

北京城经过修复的东南角楼

但是对于那些内陆城市,尤其是那些偏僻小城而言,最大的威胁并不在于正规军的大规模战役,而是时而出现的小规模土匪的骚扰。对于这些只装备有土枪的土匪而言,厚实的城墙依然是无法克服的屏障,因此当时很多地方将城墙保存了下来。中国城墙真正的大规模消失要到新中国成立之后,一是内部安定,再无大的战事,也无土匪的威胁;二是经济发展迅速,城墙除了文物价值之外,再无存在的必要。北京宏大的城墙正是在这一时期拆除的。无论民国还是新中国时期,拆毁城墙之后,城墙的旧基或填埋后的护城河往往被改建为环城道路,这也是在现代城市中识别旧城区的重要标志。

当前我国城市中,古代城墙保留无多,在乡野间存留有城墙遗址的乡村聚落尚且不少,如何保存这些城墙遗址是一个值得思考的问题。当然,简单的包砖修复是不可取的,这种"修旧如新"的方法是对文物的一种破坏,损害了残存文物中的历史信息,可惜的是现在各地的文物修复大都使用的是这种方法。

三 循环系统——城市中的街道

生物的循环系统可以理解为是生物体内的运输通道，它将消化道吸收的营养物质和由鳃或肺吸进的氧气输送到各组织器官，并将各组织器官的代谢产物通过输入血液，经由肺、肾等器官排出体外。

城市中的街道也起到了类似的作用，经由它们，从城市外部输入食品、水等生活必需品，羊毛、布料、砖石等生产资料则被运往城市的各个角落以及不同的功能分区，同时生活垃圾以及生产过程中产生的废料也经由街道被运往城外。不仅如此，城市中生产的各种商品也经由街道运往城外，与其他城市或者乡村进行交换。城市内部的各个生产、生活单元也经由街道来交换彼此的物资，进行进一步的加工或者消费。因此，如果没有街道，城市无法存在和发展，与生物的循环系统相似，街道的主要功能就是运输和交换。由于具有这样的基本功能，古代，甚至近现代中西方城市中的街道都必须要尽可能地保证交通的便捷，那种为了加强城市的防御而将街道修建得弯弯曲曲的只是极少数。此外作为人类文明的产物，街道的布局还要注意美学的问题。

从起源的层面看，城市的街道布局大致可以分两种：一种是自然产生的，或者更学术一些的名称是"有机发展"的，这类城市主要是在原有农村基础上发展而来。因此城市的街道基本没有经过规划，其特点是街道通常随着地势而弯曲，也不讲求建筑上的美学，不过在近代之前，这样的街道布局通常不会影响城市的交通。另外一种则是那些经过规划的城市中的街道，主要特点是城市中的主干道讲求建筑上的美学或者基于某种规划理念。

现实中更多的是这两者的结合,即原来有机生长的城市发展到一定阶段在旁边规划了新城;或者原先经过规划的城市,在规划区外自然形成了新的城区;或原来规划的部分,由于缺乏系统的管理,街道逐渐被住宅侵蚀,变得不太规整。大多数城市中通常这两类街道共存,有经验的研究者或者旅游者往往能依据城市不同区域间街道布局的差异判断出城市发展的过程。

比如北京,自元大都以来已经历经七八百年的历史,地面建筑早已面目全非。尤其是经历了改革开放三十年大面积的城市改造,古代的地面建筑绝大部分已经荡然无存,但是就城市街道而言,今天内城的主干道依然保持着元代的总体特征,甚至很多小胡同也保持着元代的框架,横平竖直,讲求布局上的对称、整齐和协调,这显然是精心规划的结果。外城的街道布局则迥然不同,几条斜街构成了外城街道的主要框架。这些斜街最初应当是自然而然形成的通往城门的道路,随着地形而存在一些曲折,因此缺乏美学上的考虑。

又如上海。上海出现聚落的时间众说纷纭,但至少在唐代应当是无疑的,而设县是在元代,城墙的修建则是晚至明代中后期,因此上海城的街道布局主要是自然发展的结果。直至今日,在地图上依然可以看到在老城区,也就是由人民路、中华路构成的坏形道路之内的街巷,除了几条主干道之外,大都曲折凌乱。而近代开埠之后,在上海老城北侧、西侧修建的租界区是规划的结果,街道则较为平直,存在着大致整齐的棋盘格。

历史悠久的棋盘街

最初的城市都是由农村或者原始聚落发展而来的,有些甚至拥有数百年甚至数千年的居住史,其中的街道基本上都是多年有机生长的结果,看不出人为规划的迹象。在各种人为规划的街道布局中,历史最为悠久和使用最为广泛的就是棋盘格规划。

根据目前的考古资料，最初经过规划的城市街道出现于印度的哈拉帕文化，这一文化的城市中低地城基本上采用了整齐的棋盘格布局，这显然是人为规划的结果。不过，问题在于，虽然这一文明的城市规划与街道布局如此成熟，但根据现有考古资料，我们也看不出这种城市规划在本土起源和发展的过程，因此这一规划方式应当是从外部传入的，由此哈拉帕文化可能不会是最早的具有规划街道的城市文明。当前所知第二个修建有规划街道的文明是埃及，为建造阿门内姆哈特三世金字塔而修建的城市卡阉有着整齐的棋盘格街道布局。

需要明确强调的是，哈拉帕城市的棋盘格街道与卡阉的棋盘格街道布局之间存在着一个根本性的差异。哈拉帕城市中的棋盘格仅仅是主要街道系统垂直相交构成比较宽阔的"超级街区"，而没有涉及"超级街区"内部的住宅区或者更小的街道的划分方式；卡阉的棋盘格则是针对整个城市的，不仅主要街道垂直相交，而且"超级街区"内部也基于同样的方式对第二级街道进行了进一步划分，并由此明确了每户居民所拥有的土地。

可以说棋盘格是人类城市发展史中最早的街道规划方式，不仅如此，在各种街道规划方式中，棋盘格也是运用最为广泛的，甚至说是具有统治性的。历史上著名的棋盘格街道布局的应用者包括希腊人、罗马人、中世纪的君主和领主，还有建设拉丁美洲和美国城市的规划家，当然还有古代中国的工匠。

现在还难以解释这些棋盘格的应用者之间是否存在相互影响或者继承，棋盘格的广泛应用主要应当归因于棋盘格街道布局自身的一个最大特点，即建造的便利性。与其他的规划方式相比，棋盘格规划对技术手段的要求最低，划分出来的城市中的土地也最为一目了然和简单公平，而且城市中的功能分区也最为简洁。因此，我们就可以理解为什么罗马军城采用的是棋盘格布局,而隋朝规模如此宏大的大兴、洛阳的修建时间仅仅不到一年。下面简单介绍一下棋盘格街道布局的运用历史。

古希腊城邦中只有那些受到战争、自然灾害破坏或者新建的城市才在一定程度上采用棋盘格规划,时间大概在公元前5世纪早期之后。其中最早也是最著名的例子就是米利都,虽然以往的研究对其规划的程度可能有所夸大,但米利都至少应当属于第一种定义的棋盘格规划。此外,还有雅典的比雷埃夫斯等。古罗马时期很多新建城镇都是以棋盘格为基础规划的,尤其是那些在罗马军团军营基础上发展起来的城市,例如:

奥古斯塔将军城(奥斯塔),位于阿尔卑斯山上近白山隧道入口处,始于公元前25年,是罗马军团在击败当地部落之后建立的军营,6条街道将城市分成16个主要的棋盘格。

提姆加德(萨穆加迪),位于今阿尔及利亚现代城镇巴特纳以东24英里处,始建于100年。城市的基本形态是规整的棋盘格,由通向各方向的11条道路构成。

有些学者认为中国春秋战国时期的某些诸侯国的都城具有棋盘格的街道布局,如曲阜,但就现在考古工作所发现的街道而言,并不能断定这些城市采用了棋盘格的布局方式。中国明确的规划城市出现于南北朝时期,或是北魏平城,或是北魏洛阳。不过,从世界城市史中棋盘格街道布局的发展和运用来看,中国在此之前应当存在这种街道布局方式,如汉武帝时期在河西地区设置的那些带有殖民性质的城市。

经历了漫长的黑暗时代,欧洲城市再次复兴的时候,法国、英格兰和威尔士等地修建了大量带有军事色彩的防御城镇,这些城镇规划和建设的主要原则之一就是以直线的棋盘格系统的土地划分方式作为城市布局的基础。基于这种规划原则,与之前历史时期中的应用一样,棋盘格是在一个新地点修建一座新城镇时最方便、最快捷的方式。不过受到地形以及原有村庄聚落地产、街道的影响,在某些情况下,棋盘格也会发生一定的扭曲。

如蒙帕济耶,坐落在德罗河上游河谷的北坡。1284年,作为防御城镇体系的一环,爱德华一世在这里新建了这座防御城镇。城镇被分成一块块标准大小的房屋用地,每块宅地临街的一侧长7.3米(街宽6米),进深22米。这些房屋用地组成了20个街区,一个街区用作市场,另一个街区的一部分修建了坚固的教堂。

这一时期,欧洲使用棋盘格规划的城镇还有策林格公爵修建的新城镇。12世纪,策林格公爵在莱茵河两岸今天瑞士和德国南部地区建立了一个王朝国家,并通过修建新城镇来扩展领土并加强边境的安全。这些城镇的布局大致相同,其中一点即是城内的街道直角相交构成棋盘格布局。此后,文艺复兴时期出现了大量城市规划理论专家,在他们的城市规划提议中最为核心的部分之一即是笔直的主街和以棋盘格为基础的街区,由此文艺复兴时期也出现了大量棋盘格规划的城镇。这些棋盘格有些用于新建城镇,有些用于旧城扩展的部分,但是在纯粹改造老城时使用的则很少。

在西班牙征服美洲的过程中,受到欧洲本土城市的影响,大部分新建城市都以棋盘格为基础,如圣多明各、利马等。

这种城市规划方式也被英国运用于其在北美的殖民地,并被后来美国的城市规划所继承。如费城是1683年由佩恩和胡马规划的,城市长度大约为2英里,从东侧的特拉华河一直延伸到西侧的斯库尔基尔河,宽度为1英里。两条主要的交叉街道30.5米宽,8条东西向和20条南北向的小街道各宽15.2米,由此构成的棋盘格街区分为两种,面积分别为129.5×205.7平方米和129.5×152.4平方米。规划中共有

5个广场，其中主要的中心广场占地超过4万平方米，4个小广场每个各占地超过3.2万平方米。此外棋盘格规划的城市还有洛杉矶、波士顿、纽约等。

从唐朝开始，我们在中国能找到大量采用棋盘格街道规划的城市，当然主要是新建城市和军事城堡，最为典型的当然就是隋唐长安城，还有唐代的云州（今大同）。北魏平城在六镇起义后破坏严重，唐代开元年间在此设置云州及云中县，此后基本延续至今。从今天大同城的城市形态来看，最初唐代兴建时采用的应当是棋盘格街道布局，这种棋盘格的街道布局历经千年几乎没有发生根本性的变化，甚至一直影响到今天大同城的街道格局。再如，成都城。成都历史悠久，战国后期，张仪在原来聚落的基础上修建了成都城，分为东西两城。唐代后期，战乱不断，为此在原来的老城之外修筑了罗城，此后直至清末成都城都没有大的改动。从现存的街巷来看，当时唐代后期修筑的罗城之内的街巷布局应当是以棋盘格为基础的，至今在城市的东北部依然保存有一些十字街的格局，而城市西侧的街道虽然不是标准的棋盘格布局，但依然横平竖直，较为整齐，这里是清代的满城。更为大家所熟知的棋盘格街道布局的应用应当是元大都，通往11座大门的大街构成全城主干道。主干道相交形成若干长方形居住区，居住区中又有等距离东西向若干条胡同组成整齐的街道体系。大街宽二十四步（约合37.2米），小街宽十二步（约合18.6米），胡同宽六步（约合9.3米）。而且在建城之初，曾对住宅的面积有所规定，每户所占面积不能超过八亩，这似乎是类似于埃及卡阖的棋盘格布局的应用。

棋盘格街道布局应用最为广泛的应当是在明代，当时在边境和内地修建了大量的卫所城市，与罗马军城类似，这些城市主要采用的也是棋盘格街道布局。比如宁夏右屯卫，清雍正三年改为宁朔县，取消了卫所体制，但从晚至民国《朔方道志》中的《宁朔县图》来看，经历了至少

165

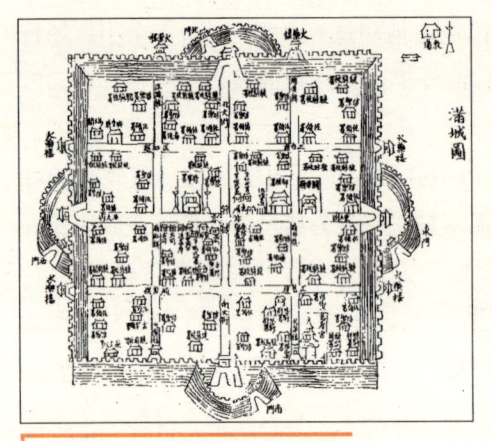

乾隆《宁夏府志》中的《满城图》

400年的演变，最初棋盘格的街道布局几乎没有发生太大变化。

清政府为了控制疆域广阔的领土，不得不将数量不多的满洲八旗分驻在各地重要的城市当中，为了不让满人与汉人过多接触，也可能是为了安全的需要，八旗军队往往要在驻地周围修筑城池，这种城池被称为"满城"。满城或位于原来城市的内部，如西安，或位于城外不远处，如宁夏（今银川），但城市规划都大同小异，采取棋盘格的街道布局方式。康熙十五年（1676），清朝派八旗兵驻防宁夏，总人数3472人，在今天银川城东北五里的地方修建了满城。乾隆三年（1738）宁夏发生地震，满城震毁。第二年，清朝在银川以西修建了新满城，位置就是今天的银川新城，当时此地称丰乐堡。新满城城市轮廓为正方形，四边各长3.7里，东南西北四门，城内有东南西北四条大街，呈棋盘格布局。此外，还有上文提到的成都，城市西侧那些大量横向排列整齐，与周边街道布局迥然不同，构成棋盘格的街道，就是清代满城的遗迹。

到了近代之后，随着西方的入侵，在中国建立了大量租界区，从而将西方的城市规划方法引入中国，因此我们可以在曾经做过租借地的城市中见到两种迥异的街道布局方式。

当然，规划城市中除了棋盘格布局的街道之外，也存在着其他街道规划方式，但数量极少。在各种特殊的街道布局方式中，采用较多的就是放射状。如公元前1世纪古罗马工程师、服务于恺撒和奥古斯都的维特鲁威,他的理想城市模型中的街道就是放射状的;文艺复兴时期安托尼奥·阿瓦里诺的理想城市模型中则由 16 条放射状的街道构成城市框架;而斯卡莫齐设计的新帕尔马则采用了由 12 条放射状街道构成的城市街道骨架。一些西方列强在近代中国设计的城市或者城区中有时也采取了放射状的街道布局模式,如哈尔滨。值得注意的还有媒体之前报道的新疆特克斯县城,县城以中心广场为核心,以相等距离、相同角度如射线般由里向外延伸出八条主街,每条主街长 1200 米,每隔 360 米设一条连接八条主街的环路,由中心向外依次共设四条环路。现在当地的政府和媒体可能是为了提高声誉,将这一城市布局追溯到金元之际的丘处机,并且将城市的布局比拟为仿照中国的八卦。丘处机之说显然是无稽之谈。这座城市的设计者是民国时期担任伊犁屯垦使兼警备司令的邱宗浚,他于 1936 年开始这座城市的规划,1937 年动工。看过本书前面章节的读者看到这座城市的布局,立刻想到的应该就是西方文艺复兴时期的城市规划方式,显然这位邱宗浚应当受到了西方城市规划的影响,而对于八卦的比拟也许是他将这种规划赋予了中国文化的解释。

有机生长的街道

除了这些规划城市之外,人类历史上大多数城市中的街道实际上是无规划或者有机生长的结果,而这也是自城市产生以来的主流。这方面似乎没有什么发展史可言,这类城市的街道布局基本上受到地形地势、交通道路的走向等因素的制约,这里重点介绍一下阿拉伯社会城市街道布局的特点。

对于隐私的保护是阿拉伯社会根深蒂固的传统,特别是居住领域的隐私。就家庭内部而言,男女之间存在着非常明确的分界,并且要求男人们保护家庭中相对脆弱的成员,尤其是女性和儿童,这是《古兰经》中所坚持的古代传统。此外，穆罕默德的《言行录》中也倡导隐私的价值和重要：拥有隐私的权利并且尊重隐私。上述几点结合起来，确立了保护家庭隐私成为阿拉伯世界中最重要的城市发展准则。但伊斯兰法律中缺乏对公共财产保护的条款，由此在隐私至高无上的情况下，个人住宅通常会逐渐侵占原有的街道，因此在伊斯兰城市中往往形成了狭窄而曲折的道路。

在这种传统和特点的影响下，不仅伊斯兰的城市本身形成了弯曲的街道布局，而且在他们占领了原来棋盘格街道布局的城市后，原本笔直交叉的街道也逐渐被侵蚀，如大马士革和科尔多瓦。

四 消化系统——城市中的市场

生命体消化系统的主要功能是传送、消化食物并摄取能量。一座城市也需要输入维持城市运转的必需品,具体实现这一功能的就是市场。城市中的市场将从城市外部运入的各种物资,尤其是大宗物资,通过交易或者分配的手段,化整为零,分配到城市中相应的生产部门或者消费者手中,由此城市才能得以维持和发展。与其他系统相比,城市的"消化系统"古往今来变化并不大。

东西方城市中的市场大致可以分为两类,一类是零散分布在城市大街小巷之中,与人们生活密切相关的店铺,当然从严格意义上,这些店铺并不能称之为市场,只是它们的基本功能与市场并无本质区别;另一类则是集中于城市某一区块,独立于其他功能区,也就是独立存在的市场。这两类市场可能自城市产生以后就一直并行存在。

独立存在的市场在规划城市中的位置往往遵从于城市的整体规划,但同时也要考虑到交通的便利,如在希腊、罗马的城市规划中,市场往往位于城市的中心,既是广场所在地,这里通常也是城市主干道的交汇处。在中国,北魏迁都洛阳后修建的洛阳城中,市场位于以棋盘格布局为基础的外郭城的东西两侧以及南侧,其中东西两侧的市场毗邻城市东西向的交通干道,而南侧的市场则紧邻洛水,交通都非常便利。元人都重要的市场位于城北的积水潭,因为这里是大运河的终点,这一布局也符合《周礼·考工记》中都城"面朝后市"的规定。

而在那些自然发展而来的城市中,市场通常位于交通最为便利的地点,紧邻城门或者靠近港口。如古罗马城的主要港口之一台伯池,同样也是重要的仓库区和批发市场,

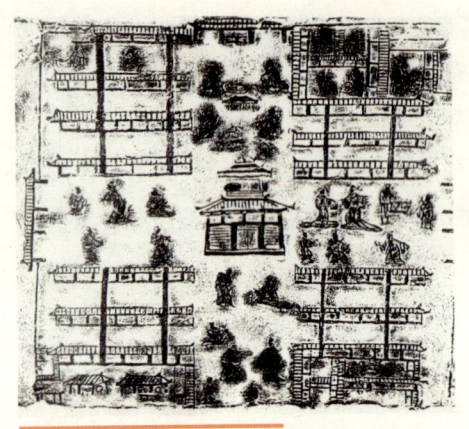

汉代画像砖所描绘的"市"

在这一区域的中心,有一座高于地表115米的小山丘,实际上这座山丘是由各种陶器罐(双耳瓦罐和双耳葡萄酒瓶)的碎片构成的。这些陶器罐在古代主要用于将各行省,特别是贝提卡和毛里塔尼亚生产的农产品运往首都。搬运过程中破碎的陶器罐长年累积,居然形成了一座人造山丘,古代罗马这一地区商业活动的繁荣可见一斑。在中国,西汉长安的市场则位于城市西北方向的城门之内,而在城门之外则是城市重要的水运航道渭水。

就市场的形态而言,西方城市中的市场并不具有固定的格局和形态。中国则至少自战国以来,对于官方管理的市场的形态和布局就有统一的要求。至今发现最早的市场,位于战国秦早期都城雍城的遗址当中,市场平面近似于方形。在今天成都附近出土了描绘汉代城市中市场的画像砖,从这些画像砖来看,当时市场的格局有着基本相同的特点:方形,四面的正中开门,东西、南北向大道将市场分为大致相同的四部分;市场中的商铺按行排列,也许将经营着相同商品的店铺集中在一起;在市场的中心建有高大的楼阁建筑,似乎是市场的管理机构。而且在政府管理之下,市场白天开放,夜间则按时关闭。这种形状的市场一直延续到了宋代。

宋代之后,政府对市场的控制逐渐减弱,因此虽然这种官方建立的市场虽然存在,但数量大为减少,城市中大部分市场沿街开设,也就是所谓的街市,有时也称为"集"。明清时期,除了一些大型城市之外，可能是因为经济需求并不发达，很多县级城市中的街市并不是每天开放，通常城内不同的街市之间或者与周边乡村中的集市轮流开放。如山西保德州城中的市集设于元至正、大德年间，城内仅一处，元明之际可能因为战火而衰败，到明弘治年间又复兴，万历时集市贸易趋向繁荣，规定城内市集五日轮流，街东、中、西上的市集每月开集十天，上下半月各五天，在时间上相互错开。

在伊斯兰城市中，由于市场数量众多，一座市场一般专门从事某一商品的买卖，或者聚集一些专门经营某些商品的专业人士。不同种类的市场与清真寺的距离存在差异，通常距离清真寺较近的是较受尊敬的商业，比如受欢迎的书商和香料销售商，而嘈杂、有害的铁和皮革加工业市场距离则较远。市场中店铺的面积一般都不大，至多1.5平方米，排列在街道两侧。市场按照形态也可以分为三种：一种是直线型的露天市场，通常位于从城市大门通往清真寺道路的两侧，往往有遮阳的屋顶，或者位于撒巴特（修建在街道边的房屋）的下面。第

喀什的中西亚国际贸易市场

二种是位于集中的市场区域中,背靠背的商店排列在街道两侧,同时市场设有门,以保证夜间的安全。第三种是紧邻大型建筑的围墙,如商队宿店的市场中的商铺,这种宿店是为商人安全储存货物而建造的。

伊斯兰城市的露天市场通常带有屋顶,房顶的材质或者设计从简单的帆布遮阳篷到恢宏的建筑,不一而足。如伊斯法罕的圆拱屋顶露天市场从操场一直延伸到伊斯兰大清真寺,长度达到了2.5公里。我国新疆、青海某些城市中的一些市场也保持着这样的建筑风格,修建有具有浓厚民族风情的屋顶。

这些不同种类的市场在今天的城市中依然存在,中国城市的郊区往往存在大面积的批发市场;欧洲城市的批发市场虽然大都位于城郊,但在一些传统的广场中依然存在着某些专业市场。密集的沿街店铺在东西方现代城市中也是不可缺少的城市景观。伊斯兰城市中的三类市场也几乎没有发生什么变化。因此可以说,市场作为消化系统,在城市这一生命体中是最为稳定的要素。

英国诺维奇广场中的市场